KB061289

5백년 명문가, 지속경영의 비밀

5백년 명문가, 지속경영의 비밀

초판 1쇄 발행 2008년 2월 12일   초판 10쇄 발행 2020년 6월 25일

지은이 최효찬   펴낸이 연준혁
기획 H2_기획연대

출판1본부 본부장 배민수
출판1부서 부서장 한수미

펴낸곳 (주)위즈덤하우스   출판등록 2000년 5월 23일 제13-1071호
주소 (410-380) 경기도 고양시 일산동구 정발산로 43-20 센트럴프라자 6층
전화 031) 936-4000   팩스 031) 903-3891
전자우편 yedam1@wisdomhouse.co.kr   홈페이지 www.wisdomhouse.co.kr

값 13,000원   ⓒ최효찬, 2008   ISBN 978-89-6086-085-8 03320

5백년 명문가,
지속경영의 비밀

최효찬 지음

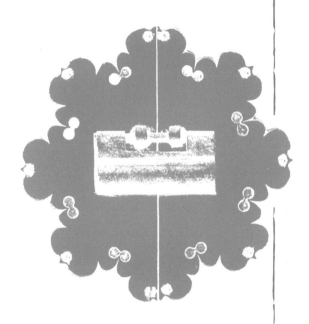

위즈덤하우스

500년 명문가에는 그들만의
특별한 경영 비결이 있다

명문가는 '여성형 야망가'들이 만들었다!

500년 명문가의 경영자들이야말로 '조선의 최고수'들이라고 할 수 있다. 이들은 인재를 키우고 부를 축적하고 명문가의 초석을 쌓으면서, 당대의 영화뿐만 아니라 먼 훗날의 영광까지 예비한 미래지향적인 경영자들이었다. 그들은 말을 앞세우지 않았고 권위를 내세우지도 않았다. 그들은 앞에 나서지 않는, 조용하고 조심스러우며 심지어 부끄러움마저 타는 리더들이었다. 달리 말해 조선 최고의 명문가를 만든 이들은 하나같이 '여성형 야망가'들이었다. 권위적이거나 자기중심적인 '남성형 야망가'들이 결코 아니었다. 이들은 냉혹한 현실을 직시하면서 평범한 가문을 위대한 가문, 조선 최고의 명문가로 발돋움하게 했다.

그들은 비길데없는 겸손함을 보였고 사람들 앞에 나서서 떠벌리기를 꺼렸다. 또 제 자랑을 늘어놓는 법이 없었다. 차분하게 결정하고 행동했으며, 사람들을 고무하는 카리스마보다는 주로 한층 높은 기준에 입각해 동기를 부여했다. 분명 그들에게도 야망이 있었지만 그 야망을 자기 자신이 아니라 조직(가문이나 국가)에 우선적으로 바쳤다. 더불어 차세대의 후계자들이 훨씬 더 큰 성공을 거둘 수 있는 기틀을 갖추게 했다. 그들은 결코 명성이나 부, 아첨, 권력 등을 우선순위에 두지 않았다.

이는 미국의 경영학자 짐 콜린스의 『좋은 기업을 넘어 위대한 기업으로』에 나오는 '단계5'의 리더십이다. '단계5'의 리더십은 위대한 조직을 만든 리더들에게서 공통적으로 엿볼 수 있는 최고의 리더십을 말한다. 그런데 이 리더십의 덕목을 500년 명문가를 만든 경영자들에게 그대로 대입해도 한 치의 어긋남이 없다. 마치 '단계5' 리더십의 전형을 보는 것 같다. 그랬다. 우리의 선조들은 이미 500년 전에 콜린스가 밝혀낸 위대한 리더들의 덕목을 실천했던 것이다. 500년 전 '좋은 가문'을 '위대한 가문'으로 전환시킨 명문가 경영자들이 보여준 리더십이야말로 콜린스가 말한 '단계5'의 리더십이라고 할 수 있다.

또한 500년 전의 명문가 경영자들은 하나같이 '화성 남자'와 '금성 여자'를 조화한 캐릭터를 갖고 있었다. 존 그레이는 『화성에서 온 남자, 금성에서 온 여자』에서 화성 남자는 목표를 중시하고 금성 여자는 관계를 중시한다며 두 인간형을 대비시켰다. 화성 남자는 목표를 위해 끊임없이 노력하고 관계를 희생시키면서까지 성공과 능력에 집착하지만, 금성 여자는 성공이나 목표보다는 다른 사람을 세심하게 보살피고 챙기며 사람과의 관계를 중요시한다는 것. 그런데 500년 명문가의 경영자들은 하나같이 목표지향적이면서 관계지향적인 캐릭터를 갖고 있었다. 명문가는 화성 남자(목표 지향)와 금성 여자(관계 지향)의 합작품이었다. 즉 두 인간형의 장점을 취한 '여성형 야망가'에 의해 명문가가 만들어진 것이다. 남성이든 여성이든 명문가를 만든 주역은 여성형 야망가의 캐릭터를 지니고 있었다. 정말 뜻밖의 수확이 아닐 수 없다. 400~500년 전 조선의 최고수들에게서 이러한 덕목을 발견하게 될 줄이야.

이들이 바로 이 책에 소개된 청계 김진, 백사 이항복, 서계 박세당, 우복 정경세, 명재 윤증 등 조선을 조선답게 만든 위대한 리더들이다. 이들 조선의 최고수들은 모두 목표지향적인 남성이었지만 여성적인 관계지향성을 중시했다. 뿐만 아니라 여성의 경우에는 목표지향적인 화성 남자의 덕목을 여성적 관계지향성과 결합시켰다. 대구서씨를 명문가로 우뚝 서게 했을 뿐만 아니라 조선 시대 '행정의 달인'으로 불린 약봉 서성의 어머니인 고성이씨 부인은 바로 관계지향적 여성성과 목표지향적 남성성을 두루 겸비한 인물이었다. 그 결과 고성이씨 부인은 '서지약봉'(인재를 가장 많이 배출한 가문으로 대구서씨 약봉 서성가가 으뜸이라는 뜻)이라는 조선 최고의 명문가 브랜드를 만들어낼 수 있었다.

500년 전이나 지금이나 관계지향적인 여성성과 목표지향적인 남성성을 조화롭게 갖추지 못하면 결코 위대한 리더가 될 수 없다. 500년 명문가를 만든 리더들은 이미 오래전에 이러한 통찰력을 발휘하며 평범한 가문을 조선 최고의 명문가로 만들어 조선의 최고수로 자리매김할 수 있었던 것이다.

평범한 가문을 위대한 가문으로 만든 비결

"영원히 여성적인 것만이 우리를 구원한다."

이 말은 이문열의 소설 『젊은날의 초상』에 나오는 구절이다. 1980

년대 초의 소설인데 요즘의 시대정신을 그대로 반영하고 있다. 이것이 소설의 힘이자 매력일 것이다. 이문열은 다음과 같이 덧붙이고 있다. "이 말은 단순히 문학적 비유가 아니라 남성적 신에 대한 단념을 표현하는 종교적 진술이다. 그런데 이제 남성적인 신의 몰락은 단테나 괴테의 시대처럼 우려스러운 조짐이 아니라 명확하고도 절망적인 사태이다. 우리 시대야말로 그 어느 때보다 여성적인 구원이 필요한 시대이다……" 그런데 이문열은 아이러니하게도 페미니스트들로부터 '가부장적'이고 '반여성주의적'이라는 비난을 받고 있다.

요즘 권위적인 남성들의 위기가 심각한 현실이 되고 있다. 오늘날의 남성들은 그야말로 폐허 위에 서 있다. 가슴은 황량해지고 사막화되어 간다. 아버지들은 죽자 살자 일하면서도 아내에게 버림받고 자식들에게 멸시받는다. 이제 남성들이 부활하려면 그들도 어머니의 감성을 지녀야 한다. 남성들도 이젠 여성들처럼 변해야 산다는 말이다. 전사회적으로 섬세하고 배려 깊은 '여성성'이 리더십의 덕목으로 새롭게 각광받고 있는 것도 바로 이 때문이다.

기업들도 예외가 아니다. 요즘 기업 CEO들은 '업무 챙기기'만큼 '직원 챙기기'에 바쁘다. 직원의 건강은 물론 사생활까지 관리하고, 나아가 재테크까지 신경 써준다. 임직원들에게 재테크 강연회를 열어주고, 열심히 일한 임직원에겐 포상금으로 펀드를 주기도 한다. 이처럼 CEO가 한 가정의 엄마처럼 임직원들을 살뜰하게 챙겨주지 않으면 임직원들은 등을 돌리고 떠나간다. 그리고 핵심 인재가 떠난 기업은 위기를 맞을 수밖에 없다.

가정이든 조직이든 우리 시대에는 세심하게 보살피고 챙겨주며 목표를 달성하도록 이끌어주는 여성적인 리더십을 필요로 한다. 리더는 다그치며 목표 달성을 독촉하기보다 아랫사람의 아픈 곳을 어루만져주고 그들이 성장할 수 있도록 동기부여를 해주어야 한다. 엄마가 자녀를 따뜻하게 보듬으면서 훌륭한 인재로 키우기 위해 솔선수범하듯이 CEO 스스로 본보기를 보여야 하는 것이다. 그리고 이것이 이른바 '모성형 리더십'이다. 그렇다고 해서 모성형 리더십이 여성만의 전유물은 결코 아니다. 기업의 최고경영자를 비롯한 모든 조직의 리더들이 갖춰야 할 덕목인 셈이다. 이제 모든 남성, 모든 CEO들은 엄마보다 더 엄마 같은 아버지, 여성보다 더 여성스러운 CEO가 되지 않으면 살아남을 수 없다. 이른바 '모성형 리더십'의 전성시대가 열리고 있는 것이다.

500년 전 명문가 경영자들이 보여준 '모성형 리더십'

모성형 리더십은 이미 500년 전의 전통적인 가부장 시대를 살다 간 우리 선인들에게서 먼저 찾아볼 수 있다. 한복에 갓을 쓴 근엄한 아버지들은 요즘의 엄마보다 더 엄마 같은 아버지였다. 전통사회의 아버지들은 완고하고 권위적이었을 거라는 편견을 갖기 쉽지만, 이를 비웃기라도 하듯 그들은 오히려 여성보다 더 섬세한 여성적 리더십을 갖고 가문 경영에 임했다. 수많은 인재를 배출한 명문가에는 권위주의를 벗어던지고 집안을 세심하게 잘 돌본 '엄마 같은 아버지'가 있었다. 권위적인 가부장적 시대를 산 대학자들은 권위적인 리더십이 아니라 지금의 각광받는 여성적 리더십을 실천했던 것이다. 그야말로 충격적인 발견이 아닐 수 없다.

모성형 리더십을 가장 잘 드러낸 이로 다름아닌 대학자 퇴계 이황을 비롯해, 청계 김진과 그의 아들 학봉 김성일이 꼽힌다. 흔히들 퇴계 이황을 근엄하고 권위적이며 전통 지향적인 인물로 인식한다. 하지만 인간 퇴계를 깊이 들여다보면, 그는 조선 역사상 자녀와 제자 교육을 가장 철저하면서도 섬세하게, 그리고 매우 자애롭게 했던 인물이다. 손님이 찾아오면 귀천과 나이 고하를 가리지 않고 뜰 아래로 내려가서 맞이하고, 술과 밥상을 차려 정성껏 대접하는 겸손함을 잃지 않았다.

의성김씨를 일으킨 '가문주식회사'의 CEO 격인 청계 김진은 청운의 꿈을 접고 백년대계를 세우는 일에 착수했다. 짐 콜린스가 말한 것처럼 개인적인 야망보다는 조직(가문, 사회)을 위해 자신의 야망을 발현한 것이다. 그는 당대의 뛰어난 학자는 아니었지만 5형제의 자녀 교육에 헌신하고 지역의 자제들을 모아 서당을 열었다. 특히 청계는 아들 5형제를 퇴계의 문하로 들여보내 학문을 배우게 하면서 그의 모성형 리더십을 흡수하게 했다. 청계 집안은 5형제가 과거에 합격하면서 가문의 토대를 다지기 시작해 임진왜란 때와 일제 시대 등 국난기마다 독립투사를 배출한 대표적인 명문가이다.

퇴계 이황이나 청계 김진이 500년 앞선 모성형 리더십의 선구자라면, 백의정승의 상징인 명재 윤증은 조선 최고 실용주의 가문의 선구자로 꼽힌다. 명재가의 실용주의는 민간 교육기관인 종학당宗學堂과 민간 구휼기관인 사창社倉을 통해 '제도화'의 단계로 나아갔다. 즉 명재가는 조선 최초로 실용주의 가풍을 꽃피웠을 뿐만 아니라 이를 사회에 접목시켰다. 성리학적 명분론에 사로잡혀 있던 시대에도 '실용주의'를 접목시켜 사회적 변화에 앞장섰던 것이다. 그리고 이와 같은 변화와 실용은 500년이 지난 오늘날에 새롭게 부각되는 시대정신이

기도 하다.

500년 명문가들은 온갖 위험 요소를 이겨내며 수백 년간 당대의 핵심 인재를 배출하고 재산뿐만 아니라 '명성'까지 관리하면서 위기에 대응해 왔다. 또 가문의 격을 드높이면서 가문을 명품 브랜드로 만들었다. '서지약봉', '연리광김' 등은 모두 명문가의 격을 나타내는 브랜드라고 할 수 있다.

시대를 넘나드는 역할 모델, 조선의 '최고수'들

이 책에서 소개하는 500년 명문가의 경영자들을 만나보면, 지금의 시대에도 역할 모델이 되기에 충분한 '최고수'들이 조선 시대에도 많았다는 것을 알 수 있다. 명문가를 일군 경영자들은 '비인간적인' 조선을 그나마 인간이 살 수 있는 땅으로 만든 주역이었다. 자녀 교육에 헌신해 국가가 필요로 하는 인재를 배출했는가 하면, 국가가 해주지 못하는 일들을 앞장서서 이웃에 베풀었다. 더욱이 그들은 지금의 기업 경영에 유용한 모성형 리더십을 이미 500년 전에 보여주었다.

명문가들이 500년의 시공을 뛰어넘어 지금까지 그 명성을 유지해 온 비결을 분석해 보면, 오늘날 모든 직장인들이 심혈을 기울이고 있는 자기 경영뿐만 아니라 가문 경영, 나아가 기업 경영에서 요구되는 생존 철학의 진수를 엿볼 수 있다. 특히 500년 명문가들의 성장 과정을 통해 '좋은 기업'에서 '위대한 기업'으로 거듭나게 하는 리더십이 무엇인지도 알 수 있을 것이다.

2008년 2월
최효찬

◉ 차례

1장

가문 경영의 최고수, 청계 김진

500년 전
조선을 떠들석하게 한
기획의 달인

김진가에서 배우는 인간 경영 – 부성애 父性愛

지금 내가 죄인이 되어 너희들에게 아직은 시골에 숨어서 살게 하였다만,
앞으로의 계획인즉 오직 서울의 십 리 안에서만 살게 하겠다.
만약 집안의 힘이 쇠락하여 서울 한복판으로 깊이 들어갈 수 없다면
잠시 서울 근교에 살면서 과일과 채소를 심어 생활을 유지하다가
재산이 조금 불어나면 바로 도시 한복판으로 들어가도 늦지는 않다.
– 다산 정약용, 「두 아들에게 주는 가훈」에서

가문 경영의 최고수, 청계 김진이 실천한 '단계5의 리더십'
— 기획형 인재를 꿈꾸는 이들에게 주는 5계명

- 권위를 벗고 '여성성'을 흡수하라

- 의지할 '큰 언덕'을 구하라

- 자신을 버리고 헌신하라 (자녀가 최우선이라면, 새장가를 가지 마라)

- 먼 훗날을 위한 프로젝트를 실행하라

- 세심하게 보살피고 챙기며 관계를 중시하라

500년 전 기획형 인재의 '선택과 집중'

최근 기업들은 너도나도 창의력과 상상력으로 무장한 '기획형 인재' 모시기를 통해 경쟁력 강화에 나서고 있다. 창의적인 기획자가 존재하느냐의 여부에 기업과 국가의 흥망이 달려 있다고 해도 과언이 아니기 때문이다. 지금 우리나라에도 가장 절실한 지도자는 '선택과 집중'을 잘 활용해 사그라지는 기업의 역동성과 국가적 비전을 창조적으로 이끌어줄 기획형 인재가 아닐까.

국가가 한 사람의 지도자에 의해 기적을 만들어낼 수 있듯이, 가문도 한 사람의 창의적인 기획자에 의해 운명이 달라질 수 있다. 기획자는 기업 경영이나 국가 경영뿐만 아니라 한 집안을 일구는 가문 경영에서도 빼놓을 수 없는 존재다.

500년 전 조선에도 이미 요즘의 기업에서 절실히 요구하는 '기획의 달인'이 있었다. 창의적인 기획력을 가진 가문의 기획자는

의성김씨 대종택 '기업경영의 해법을 구하려거든 GE의 크론토빌 연수원보다 안동의 청계 대종택을 찾아라!' 청계 김진은 과거 시험을 포기하고 이곳에서 아들 5형제의 교육에 나서 가문 경영의 초석을 쌓았다. 기업 경영으로 보자면 청계는 1520년대에 가문 경영에 나서 의성김씨 가문주식회사의 창업주가 되었고, 5형제가 5개 계열사를 거느리면서 조선 최고의 가문주식회사를 세우는 데 초석을 놓은 것이다.

자손에게 나아갈 길과 비전, 목표를 명확히 제시하며 이끌었다. 더욱이 가부장적 시대 속에서 권위적인 리더십이 아니라 어머니처럼 섬세하고도 자상하게 배려하고 지도한 것이다. 윽박지르지 않고 알뜰살뜰 챙겨주면서 목표를 달성하게 하는 여성적인 '모성형 리더십'이야말로 요즘 가장 주목받는 리더십이다. 이미 500년 전에 우리 선인들은 요즘의 최고 화두인 모성형 리더십으로 무장을 하고서 가문을 이끌었다. 이는 가부장 시대에는 권위적인 리더십을 가졌을 것이라는 일반의 통념을 통쾌하게 뒤집는 것이다.

우리나라 명문가 중에는 퇴계 이황(진성이씨) 가문과 쌍벽을 이루는 청계 김진(의성김씨) 가문이 있다. 청계 가문이 500년 동안 명문가로 이어져 내려올 수 있었던 배경에는 다름 아닌 모성형 리더십으로 무장하고 가문 경영을 이끈 기획의 달인이 있었다. 의성김씨를 명문가의 반석에 올려놓은 청계 김진(1500~1580)이 바로 그러한 기획형 인재에 해당한다.

청계 김진은 30세의 젊은 나이에 과거 준비를 그만두고 고향에서 자녀 교육에 전념하기로 결심한다. 대부분 그 나이에는 청운의 꿈을 펼치기 위해 아내와 자녀들까지 방치해 가며 과거 공부에 매진하곤 했다. 신분 사회에서 가장이 과거에 합격하지 못하면 그 가문은 큰 위기에 봉착했기 때문이다. 청계도 처음에는 과거를 준비했지만 돌연 포기했다.

자녀 교육에 심혈을 기울이게 된 청계의 일화가 있다. 청계는 20대에 과거 공부에 열중해 중종 20년(1525년)에 사마시에 합격했다. 사마시는 최종 시험인 문과 시험을 보기 위해 치러야 하는 시험이었다. 사마시에 합격한 청계는 대과를 준비하고 있었다. 어느 날 서울로 가기 위해 문경 조령을 넘다가, 그는 우연히 어느 관상가를 만나 이런 말을 전해 듣는다. "허허, 신수를 보아하니 생참판 生參判보다는 증판서贈判書가 되는 것이 더 낫겠구려." 생참판은 살아서 참판이 되는 것으로, 이는 과거 시험의 최종 관문인 문과(대과)에 합격해야만 이룰 수 있었다. 그런데 증판서란 아들이 과거에 합격하고 고위직에 오를 경우 그 아버지에게 벼슬(판서)을 내려주는 것을 말한다.

26세에 1차 시험인 사마시에 합격한 청계였지만 그는 이 말을 듣고는 2차 시험(대과)을 포기하고 고향으로 돌아와 자녀 교육에 매진한다. 그야말로 파격적인 선택이 아닐 수 없다. 대부분의 양반 자제들이 과거를 준비할 때, 그는 전혀 다른 선택을 하고 그것에 집중했던 것이다. 청계는 자신의 입신양명보다 백년대계를 위한 자녀 교육을 통해 요즘 강조되는 지속 가능 경영의 초석 쌓기에 나선 것이라고 할 수 있다.

청계가 가문의 기획자로 나선 것은 어쩌면 '자기충족적 예언'에 힘입은 바가 컸을 것으로 보인다. 청계의 조부는 "이 아이는 반드시 우리 문호門戶를 일으켜 그 이름을 크게 떨치게 할 것"이라고 했다. 자기충족적 예언이란 어떤 사람에게 장차 큰 인물이 될 것이라고 독려하면서 정체성이나 자긍심을 계속 북돋워주면 그에게 긍정적인 자극이 되어 결과적으로 큰 인물이 된다는 것이다.

청계의 자녀 교육은 엄하면서도 자애로웠다. 이것이 바로 모성형 리더십의 핵심이 되는 '자육慈育'이다. 자녀 교육은 엄격함과 자애로움 중 어느 한쪽으로 치우쳐서는 결코 이루어지지 않는다. 엄격함과 자애로움을 두루 갖춰야 하기 때문에 자육은 결코 쉬운 일이 아니다.

청계의 자녀 교육에 힘입어 마침내 그의 다섯 아들은 모두 과거에 합격했다. 장남인 약봉 김극일을 비롯해 귀봉 김수일, 운암 김명일, 학봉 김성일, 남악 김복일이 바로 그 주인공들이다. 이중에서 김극일, 김성일, 김복일이 문과에 급제했고, 김수일, 김명일도 사마시에 합격했다. 청계 가문은 다섯 형제가 모두 과거에 합격해 '오자등과택五子登科宅'으로 회자되었고, 청계는 '증이조판서'에 올랐다. 허튼 말로 넘길 수도 있었을 관상가의 예언이 적중한 셈이다.

미래를 내다본 청계 김진의 혜안

47세에 아내를 잃었을 때 청계에게는 25세 된 장남부터 젖먹이 두 딸까지 모두 5남 3녀의 자녀가 있었다. 하지만 그는 새로 장가도 들지 않고 8남매를 혼자서 키워냈다. 당시 반가에서는 아내가 죽으면 대부분 후처를 들였고, 아내가 살아 있어도 첩을 들이는 일이 다반사였다.

요즘은 이혼 가정이 많은 만큼 재혼도 흔하다. 물론 재혼해서 행복하게 사는 가정도 많지만 불행한 가정도 적지 않다. 나중에 상속 문제가 겹치면 상황은 더욱 복잡해진다. 급기야 가족의 연을 끊게 되는 사태로까지 비화되기도 한다. 기업인들 가운데 상속을 둘러싸고 형제간에 분쟁을 벌이는 것을 흔하게 접할 수 있다. 청계가 부인을 잃고도 새장가를 들지 않았던 것은 아마도 그럴 경우에 생길 여러 가지 문제를 염두에 둔 것이라고 짐작할 수 있다.

청계가 재혼하지 않은 연유에 얽힌 일화가 하나 있다. 어느 날 그의 집 처마에 있던 제비 둥지에서 새끼가 떨어져 죽었다. 자세히 보니 어미가 죽고 새 어미가 왔는데 자기가 낳지 않은 새끼들을 모두 바깥으로 내몰더라는 것이다. 전해지는 얘기로는 청계가 이것을 보고 그만 재혼을 포기했다고 한다.

신사임당은 임종을 앞두고 남편 이원수에게 새장가를 들지 말 것을 유언으로 남겼다. 하지만 그는 이를 지키지 않고 재혼을 했고, 율곡은 계모 때문에 평생 많은 고통을 받았다고 한다.

청계의 넷째 아들 학봉은 "아버지께서는 우리 형제들을 오른손을 잡고 왼손으로 끌어 온갖 고생을 다하면서 보살펴 길렀는데, 밖으로는 엄한 아버지로서 가르침을 다했고 안으로는 자애로운 어머니의 역할까지 다하였다"고 회고했다.

학봉이 쓴 아버지 행장에도 이와 관련된 가슴 뭉클한 내용이 나온다.

큰형이 과거에 급제하고 어머니께서 돌아가셨을 때는 자녀가 모두 8남매나 되었는데, 대부분 어린아이이거나 강보 속에 있었다. 이에 아버지께서 온갖 고생을 다해 기르면서 하지 않은 일이 없었다. 한밤중에 양쪽으로 어린아이를 끌어안고 있으면 어린아이가 어미 젖을 찾는데 그 소리가 몹시 애처로웠다. 이에 아버지께서는 당신의 젖을 물려주셨다. 비록 젖이 나오지는 않았지만, 아이는 젖꼭지를 빨면서 울음을 그쳤다.

청계의 자녀 교육은 자애로우면서도 매우 엄격했다. 그는 1547년에 서당을 열고 자녀들과 고을의 소년들을 모아 학칙을 세우고

청계 고택의 사랑채 이곳은 조선 시대 수많은 문인들이 드나들던 조선 최고의 살롱이었다. 오늘날로 보자면 대기업의 총수가 머무는 회장실에 비유할 수 있을 것이다. 영남의 내로라하는 선비들과 문인들은 이곳을 드나들며 조정의 파당적인 정치에 대해 논쟁하고, 아울러 자녀들의 혼사 문제와 벼슬길을 걱정하고 논의했을 것이다.

엄격하게 공부를 시켰다. 자녀들이 성장한 뒤에는 5형제를 모두 퇴계 문하로 보내어 공부하게 했다. 그리고 집에서 30리나 떨어진 곳에 선유정仙遊亭을 지어 자녀들이 호연지기를 기르면서 공부하게 했다.

청계는 5형제의 교육에 헌신하는 한편으로, 그 후손들이 대대로 살 땅을 마련하기 위해 산간오지의 개간에도 뛰어들었다. 그중에서 먼 훗날 자손들이 들어와 살 땅으로 안동에서 멀리 떨어진 강원도 강릉 금광평(명주군 구정면 일대)의 황무지 150만 평을 개간하기 위해 관청의 허가를 받아놓기도 했다. 당시 이 지역의 땅은 농사를 지을 수 없는 척박한 땅이었는데 이를 개간하려고 했던 것이다.

청계의 황무지 개간 프로젝트는 지금의 땅 투기와는 전혀 성격이 다르다. 농사를 지을 수 없는 버려진 땅을 개간해 미래의 후손들이 농사를 지으며 살아갈 수 있도록 한 것이기 때문이다. 청계가 넷째 아들인 학봉 김성일에게 물려준 경북 영양 청기 일대도 개간한 토지였다. 당시 청기 일대에서 개간을 통해 얻은 수입만 해도 300석의 도지(임대료)를 받을 정도였다고 한다. 그는 이 지역에 영산서당을 세워 후학 양성에도 나섰다. 이렇게 보면 청계는 황무지를 옥토로 바꾸는 16세기의 '농촌 계몽 운동가'라고 할 수 있을 것이다.

강릉 일대의 황무지는 그 후 일제 시대 이전까지 청계의 후손들이 10여 차례 개간을 추진하려 했지만 허가가 나지 않아 보류되어 왔다. 이곳은 1960년대에 들어서야 비로소 논농사를 지을 땅으로 개간되었는데, 이곳에는 지금도 청계의 후손이 살고 있다. 대부분의 땅은 이미 정부나 다른 사람의 소유로 넘어가고 말았다고 한다.

청계는 모성형 리더십을 발휘하며 자손들의 백년대계를 위한 후학 교육에 전념하는 한편, 미개간 땅의 개간에 앞장서서 생활공간을 확장하고 그 지역에 서당을 세워 후학을 양성하며 후손들과 지역민들 그리고 먼 훗날의 후손들에게까지 살 방도를 마련해 두는 등 가문의 기획자, 가문주식회사의 CEO, 농촌 계몽 운동가다운 면모를 유감없이 발휘했다. 또한 자녀들을 몸소 가르치고 퇴계의 문하로 보내어 그의 학맥을 잇게 했다. 인적 네트워크의 중요성을 지금의 그 누구보다 잘 간파하고 있었던 것이라고 할 수 있다. 이것이야말로 창의적인 기획형 인재의 혜안이라고 할 수 있을 것이다.

무려 6개의 '계열사'를 거느리다

청계 김진의 다섯 아들과 그 후손들이 남긴 종택은 무려 6곳에 이른다. 조선 시대의 내로라하는 명문가들도 지금은 종택이 없어진 것과는 대조적이다. 대부분의 종택들은 동학혁명이나 해방 후 좌우익의 대결로 인해 불에 타 없어졌다. 박경리의 소설 『토지』(최참판 댁의 종택이 온전할 수 있었던 것은 동학 접주 김개주와의 '악연' 때문이었다. 젊은 날 서희의 할머니인 윤씨 부인을 절에서 겁탈한 김개주는 동학 교도들과 최참판 댁에 들이닥쳤으나 불을 지르지는 않았다. 윤씨 부인의 불륜이 아이러니하게도 최참판 댁의 종택을 방화에서 구해낸 것이다)에 나오듯이, 지역사회에서 신망을 얻지 못한 양반가는 동학혁명 때 집이 불에 타는 수모를 당했다. 또한 해방 후 좌우익이 동거하던 시기에는 지역민을 수탈한 일부 양반가의 종택들은 방화뿐만 아니라 인명이 살상당하는 등 처참한 곤경을 겪어야 했다.

의성김씨 김진과 그 후손들의 종택은 단 한 곳도 불에 타지 않고 6곳 모두 고스란히 남았다. 청계 가문이 그만큼 지역민들에게 존경받았음을 의미한다고 볼 수 있다. 이것이야말로 종가의 인간 경영학적인 측면이라고 하겠다.

청계와 그의 5형제가 살던 내앞마을(안동 임하면 천전리)에는 의성 김씨의 대종가가 있는데 지금도 그의 후손들이 살고 있다. 둘째인 귀봉 김수일의 종택은 대종가 옆에 나란히 이웃해 있고, 셋째인 운암 김명일의 종가는 안동 임하면 신덕리에 위치해 있다. 넷째 학봉은 처가가 있는 안동시 서후면 금계로 분가했는데, 학봉 종가 는 내앞 종가와 함께 의성김씨를 상징하는 곳이다. 임진왜란 때 순국한 학봉의 후예답게 국가에서 훈포장을 받은 독립운동가가 이 문중에서 무려 15명이나 나왔다. 막내인 남악 김복일은 경북

귀봉 종택 청계 고택에 바로 이웃해 있다. 청계의 2남인 귀봉 김수일은 처음에는 다른 지역으로 분가를 했다가 그가 태어난 내앞마을로 이사해 왔다. '회장님'의 경영 철학을 배우고 제대로 보좌하려면 곁에 머물러 있어야 하지 않았을까.

예천 용문면 구계리로 분가해 현재에도 종가가 남아 있다. 여섯 번째 종가는 청계의 고손(약봉의 증손)인 지촌 김방걸의 종가로, 그 후손인 김원길 시인이 '지례예술촌'으로 명명해 문화체험장으로 개방하고 있다.

전국을 통틀어 봐도 청계 김진의 가문처럼 종가가 6곳이나 남아 있는 경우는 전무하다. 이는 청계가 기업을 창업한 뒤에 5개의 계열사가 만들어진 것에 비유할 수 있다. 이 가운데 가장 번성한 계열사는 학봉 김성일의 후손들이다. 김성일은 서애 류성룡과 함께 퇴계 이황의 수제자로서 영남학파의 양대 학맥을 이었다. 4남인 그는 분가해서 새로운 종가를 이루었고, 임진왜란 중에 진주성 전투에서 병사했다.

청계 김진 가문은 창업 500년 만에 그룹 본사에 5대 계열사를 거느린 재벌 그룹으로 성장했고, 그 임직원의 수는 이루 헤아릴 수도 없다.

청계의 5형제, 퇴계의 모성형 리더십을 흡수하다

퇴계 이황은 청계 김진과 더불어 '모성형 리더십'을 지닌 선구자적인 인물이다. 청계는 자신과 비슷한 나이에 이미 당대의 대학자로 우뚝 섰을 뿐만 아니라 배려와 돌봄의 리더십으로 제자들을 길러내던 퇴계에게 아들들을 보내어 그의 학문과 사상을 배우게 했다. 퇴계의 리더십은 한편으론 인자하고 다른 한편으론 엄격함을 특징으로 한다. 특히 퇴계의 리더십을 스펀지처럼 가장 잘 흡수한 이는 바로 청계의 4남인 학봉 김성일이었다. 여기서 잠시 퇴계의 리더십을 살펴볼 필요가 있겠다.

퇴계 이황(1501~1570)은 300여 명이 넘는 수제자를 길러내고 140번이나 넘게 공직의 부름을 받은 조선 시대의 대학자였지만, 그 바쁜 와중에도 자녀뿐만 아니라 친인척의 자제, 제자 들을 꼼꼼하게 챙겼다. 먼 친척의 자녀들까지 챙기면서 학업을 독려하고 멘토 역할을 다했다. 전통 시대의 대학자였던 퇴계가 어떻게 보면 공公을 위해 사私를 희생했을 것으로 생각하기 쉽지만, 퇴계는 우리의 상상과 편견을 여지없이 날려버린다.

……김사순과 우성전이 지금 『계몽』을 읽으려 한다는구나. 너는 벌써 『주역』을 읽고 있지만 『계몽』도 읽지 않을 수 없으니, 이때를 놓쳐서는 안 될 것이다. 『주역』을 마치지 못하더라도 우선은 중단하고 곧장 (절에서) 내려와서 이들과 함께 『계몽』을 읽는 것이 아주 좋겠다.

여기에 등장하는 김사순이 바로 청계의 아들인 학봉 김성일이다. 학봉의 자字가 사순이다. 퇴계는 지금 생각해도 과하다 싶을 정도로 학식 있는 제자들이 서로 어울려 공부하고, 자신의 아들과 손자와 조카 들이 제자들과 함께 공부할 수 있도록 배려하고 권유했다. 이 점이 바로 퇴계가 조선 최대 학파인 영남학파를 만들 수 있었던 힘이라고 할 수 있다.

퇴계는 '이식利息으로 식산殖産하는 것(이자로 재산을 불리는 것)을 금한다'는 금식산禁殖産을 좌우명으로 남겼다. 고리대금업자같이 자신의 이익을 위해 다른 사람에게 피해를 주는 행위를 금한 것이다. 이는 퇴계의 후손들이 지금까지도 철저하게 지키고 있는 덕목이다.

퇴계는 친인척뿐만 아니라 제자와의 관계 등 모든 인간관계에 '선물'을 잘 활용했다. 요즘은 선물을 뇌물처럼 주고받지만 조선시대 때의 선물은 양반가의 관습이었다. 친구나 제자를 방문할 때도 벼루나 먹 등 작은 물품이라도 꼭 챙겨서 가져갔다. 관리이며 대학자인 퇴계에게도 많은 선물이 들어왔다. 하지만 퇴계는 받은 선물을 반드시 친인척이나 제자, 노비 등 주위 사람들에게 골고루 나눠주었다. 자신을 위해 선물을 쓰지 않고 다시 그 선물을 나눠줌으로써 인간관계가 서로 '소통'하게 했던 것이다.

퇴계가 집안사람들에게 준 편지에 물건을 주고받은 내용이 기록되어 전해지고 있다. 『퇴계선생 일대기』를 쓴 권오봉의 분석에 따르면, 퇴계가 받은 것은 27퍼센트였고 준 것은 73퍼센트였다. 물건 가운데에는 학습, 문구 용품과 식품이 많고, 약이나 꿩, 부채, 책력 등도 자주 등장한다. 제자들이 선물로 갖고 온 꿩은 제수로 보내고, 약은 집안사람들의 건강을 위해 지어주었다.

아몽의 신을 한손이 갈 때는 사 보내지 못하겠다. 한스럽다. 이번에 귀걸이는 함께 보낸다.

말린 꿩, 조개, 민물고기, 미역과 백지 한 권 등을 보낸다.

바늘과 분을 보낸다. 닷새베五升木 세 필은 너한테 보내려 했으나 여기서 쓸 데가 있을지 몰라 두었다.

잣떡 14개를 보낸다. 할머니와 어머니에게 나누어 드려라.

퇴계가 40대에 한양에 머물면서 고향 가족에게 보낸 편지다. 소박하지만 집안의 면면을 살뜰히 살피는 모습이 담겨 있다. 며느리에게 바늘과 분, 귀걸이를 사 보내는 시아버지, 손자에게 신발을 선물하는 할아버지의 자애로운 사랑이 넘친다. 며느리에게 화장품을 사서 답례를 한 퇴계의 인자한 모습이 눈에 선하다.

퇴계는 아들과 손자, 며느리와 손부 등 일가 후손들이 선물을 보내와도 반드시 답례를 하면서 편지를 보냈다.

네 댁이 지어 보낸 단령(관복)은 잘 받았다. 궁한 처지에도 이렇게 해야 하나, 도리어 미안하다… 흰 부채 두 자루, 검은 부채 두 자루, 참빗 다섯 개, 먹 한 개, 붓 한 자루를 보낸다. 참빗은 네 댁에게 줘라.

(1540년 아들 준에게 답함)

노루 한 다리를 보내주다니 야생 짐승 고기로서는 가장 맛좋고 귀하다는데, 늘 이렇게 은혜를 입고만 있으니 부끄럽네. 김 두 장을 보내네. 좋지는 않지만은 날 보듯이 받아주면 다행이겠네.

(1555년 조카사위 민시원에게 답함)

이렇게 퇴계는 선물을 받으면 사사로이 쓰지 않고 친지와 이웃들에게 나누어주었다. 선물이 있으면 반드시 큰집에 보내고 그다음에는 이웃과 친척, 제자 들에게 나누어주었으며, 한 번도 집에 쌓아두지 않았다고 한다.

명문가의 초석을 닦은 가문의 기획자들에게 공통적으로 발견되는 리더십은 '남성적'이라기보다 '여성적'이다. 퇴계의 경우 자녀들이 공부를 게을리 하면 고기를 보내는 등 조언을 주고 의지를 북돋워주면서 세심히 보살폈다. 일찍 부인을 잃은 청계는 새로 아내를 들이지도 않고 몸소 어머니 역할까지 하면서 8명의 자녀를 키워냈다. 청계는 다섯 아들을 퇴계의 수제자로 보내어 퇴계의 모성형 리더십을 자연스럽게 배울 수 있게 했다. 퇴계의 여성적 리더십과 네트워크 중시 사고는 청계의 아들들에게 그대로 전수되었고, 이는 의성김씨를 명문가로 일으켜 세우는 데 큰 역할을 했다. 또한 퇴계의 수제자가 된 학봉 김성일은 퇴계의 모성형 리더십을 생질(전주류씨 류성 가문)에게 고스란히 전수해 주어 전주류씨 가문의 도약에 결정적인 힘을 제공해 주었다. 퇴계의 모성형 리더십은 그의 제자들을 통해 확대 재생산되는 단계로 나아갔던 것이다.

500년을 앞서 간 모성형 리더십

'파더후드fatherhood'는 '아버지의 자격', '아버지임', '부권父權' 등

▲학봉 종가의 안채와 사랑채 전경 학봉은 청계 김진의 4남으로 결혼 후 분가했는데, 처가가 있던 금계에 와 살면서 새 거점으로 삼았다. 앞쪽 작은 건물이 안채이고 이어진 큰 건물이 사랑채다. 사랑채는 가문 경영의 거점이자 조선의 구심처 역할을 해왔다.

▶학봉 종가 안채의 가을날 전경 450여 년 동안 줄곧 학봉과 그 후손들이 살고 있다. 일제 때 그 후손인 김용환이 노름으로 위장해 독립 자금을 대다가 종가를 날리면 일가에서 다시 이 집을 되사서 종손에게 돌려주었다.

으로 번역된다. 이는 요즘 미국 등에서 새롭게 조명되고 있는 자녀 교육의 덕목이라고 한다. 대구 가톨릭대 평생교육원 김정옥 원장은 "미국에서 아버지와 자녀가 스킨십이 많고 친밀할수록 아이의 학업 성취도가 높다는 연구 결과가 나왔다"고 말한다. 이는 아버지가 자녀 교육에서 엄마와 같은 역할을 해야 한다는 사실을 보여준다. 다시 말해 '엄마 같은 아빠'로 접근해야 한다는 것이다. 최근 일본에서도 '아빠 열풍'이 거센데, 아빠와 자녀의 친밀도를 나타내는 '부친력父親力'이라는 말이 유행하면서 시대의 키워드로 떠오르고 있다.

전통적인 부성애는 엄격함이 특징이었다. 하지만 현대적인 부성애는 엄격함보다는 친구같이 편안한 관계 속에서 형성되는 것이어야 한다. 그것은 청계나 퇴계가 이미 500년 전에 가문 경영에서 활용했던 것이다. 그들은 친구 같은 스승, 친구 같은 아버지였지만 결코 권위를 잃지 않았다.

하지만 원칙을 견지할 때는 철저한 원칙주의로 가문 경영에 임했다. 퇴계가 증손자를 잃은 것도 바로 그 원칙론을 실천했기 때문이다. 퇴계의 손자 안도는 자기 아들의 젖이 모자라 퇴계에게 유모를 보내줄 것을 요구했지만 한마디로 거절당했다. 유모에게 젖먹이 아들이 있다는 이유에서였다. 젖이 모자랐던 증손자는 일 년을 더 살지 못하고 죽고 말았다. 그 증손자가 바로 퇴계의 대를 이을 장손이었다. 어쩌면 퇴계의 서슬 퍼런 원칙주의가 그의 집안을 우리나라 최고의 명가로 만든 게 아니었을까……. 하지만 퇴계는 원칙을 지키면서도 결코 '자상함'을 잃지 않았다.

청계도 마찬가지였다. 청계가 자녀들에게 강조한 것이 '영수옥쇄 불의와전寧須玉碎 不宜瓦全(차라리 부서지는 옥이 될지언정 구차하게 기왓장으로 남아서는 안 된다)'이었다. 곧은 도리를 지키다 죽을지언정 도리를 굽혀 살지 말라는 것이다. "너희들이 군자답게 살다가 죽으면 나는 살아 있는 것으로 볼 것이고, 소인이 되어 산다면 죽은 것으로 볼 것이다."

청계와 퇴계의 모성형 리더십은 자상함만으로 이루어진 게 아
니라 올곧은 신념과 철저한 원칙주의가 뒷받침된 리더십이라고
할 수 있다.

요사이 추위에 모두들 어찌 계신지 가장 사념하네. 나는 산음 고을
에 와서 몸은 무사히 있으나, 봄이 이르르면 도적이 대항할 것이니
어찌할 줄 모르겠네. 또 직산 있던 옷은 다 왔으니 추워하고 있는가
염려 마오. 장모 뫼시옵고 설 잘 쇠시오. 자식들에게 편지 쓰지 못하
였네. 잘들 있으라 하오. 감사라 하여도 음식을 가까스로 먹고 다니
니 아무것도 보내지 못하오. 살아서 서로 다시 보면 그때나 나을까
모르지만 기필 못 하네. 그리워하지 말고 편안히 계시오. 끝없어 이
만. 섣달 스무나흗날.

고향에 있는 아내에게 보낸 학봉 김성일의 편지에 담긴 구절이
다. 언제 왜구에게 함락당할지 모를 긴박한 위기 상황에서 쓴 글이
지만 아내를 생각하는 남편의 마음과 자녀들을 걱정하는 아버지
의 마음이 고스란히 담겨 있다. 또한 간결한 글이면서도 전하고 싶
은 말이 모두 따사롭게 실려 있다. 급박한 전쟁으로 인해 살아 다
시 만날 수 있을지 염려하는 마음도 읽을 수 있다. 더군다나 이 편
지는 한문이 아닌 언문으로 쓰여 있다. 이 역시 아내를 위한 자상
한 배려일 것이다. 요즘에 어느 대학교수나 국가 고위관리가 자신

의 부인에게 이런 편지를 보낼까 싶다.

이 편지는 이게 전부가 아니다. 편지 겉봉에는 그가 마지막으로 가족에게 보낸 선물 내용이 적혀 있다. '석이(버섯의 일종) 2근, 석류 20개, 석어(조기) 2마리를 함께 보낸다'고 쓰여 있다. 전란의 와중에도 가족들을 위하는 이 마음이야말로 자상함과 엄격함을 겸비한 모성형 리더십이 아닐까. 이는 퇴계의 모습을 떠올리게 한다. 학봉의 스승이었던 퇴계 역시 가족과 일가친척에게 선물을 받으면 반드시 답례를 했다.

학봉은 이 편지를 보내고 4개월 뒤에 진주성에서 전염병으로 순국했다. 그는 초유사(난리가 일어났을 때 백성을 타일러 경계하게 하는 일을

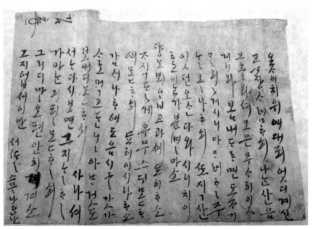

1593년 설날에 학봉 김성일이 부인에게 보낸 한글 편지 학봉은 1592년 형조참의를 거쳐 경상우도병마절도사로 재직하던 중 임진왜란이 일어나자, 통신사로 다녀온 후 왜군 침략 가능성이 없다는 보고를 한 것이 빌미가 되어 파직당했다. 서울로 소환되던 중 허물을 씻고 공을 세울 수 있는 기회를 줄 것을 간청하는 류성룡의 변호로 직산(稷山, 지금의 천안 인근)에서 경상우도초유사로 임명되었다.

맡아 하던 임시 벼슬)로 임명되어 의병장들을 규합하면서 1차 진주성 전투를 승리로 이끌고, 경상우도감사로 진두지휘를 하다 병을 얻어 아들과 함께 죽었던 것이다. 학봉이 죽고 얼마 후에 진주성은 왜군에 함락되었다.

편지와 그의 행적을 통해 알 수 있듯이, 청계의 모성형 리더십과 호연지기 정신은 넷째인 학봉 김성일에게 그대로 전해졌다. 그가 진주성에서 순국한 것은 모성형 리더로서 역할을 다하며 호연지기를 보여준 결정체라고 할 수 있다. 그가 초유사로 내려갔을 때 관아는 텅 비어 있었다고 한다. 목사를 비롯한 관리들이 왜구가 쳐들어오자 겁을 먹고 모두 지리산 등지로 피신을 했던 것이다. 학봉은 이러한 상황에서 목사와 관리들을 설득하고 의병장을 규합해 왜구와 맞서 싸울 전의를 북돋우면서 마침내 진주성전투를 승리로 이끌었다. 그러나 학봉은 1차 승리 이후 1593년 5월, 피로가 쌓인 나머지 전염병에 감염되어 병사하고, 아들 혁도 목숨을 잃고 말았다.

학봉 김성일은 임진왜란이 일어나기 2년 전인 1590년에 왜국의 사정을 살펴보기 위해 통신사로 파견되었다. 정치 노선이 달랐던 서인 황윤길이 정사正使였고 동인에 속한 김성일은 부사副使 자격이었다. 학봉은 퇴계 이황의 수제자로, 퇴계가 벼슬을 그만두고 고향으로 돌아가면서 고봉 기대승, 동고 이준경과 함께 당대의 '핵심 인재' 3인으로 천거한 인물이다. 그런데 그는 통신사로 왜국에 다녀온 후 국왕에게 왜적의 침략 가능성을 부인하는 보고를

학봉 김성일이 생전에 쓰던 안경
우리나라에서 가장 오래된 안
경 가운데 하나다.

했다. 반면 서인인 황윤길은 왜가 반드시 침입할 것이라고 보고했
다. 당시는 율곡 이이(서인의 영수)가 10만 양병을 주창하며 선조에
게 간언할 정도로 왜적의 침략 가능성이 고조되는 분위기였다. 그
런데도 학봉은 무슨 연유에서인지 침략 가능성이 없다고 보고한
것이다.

학봉은 왜적의 정세에 대한 '잘못된 보고'로 인해 상황을 오판
하게 한 책임을 모면할 수 없었다. 이는 퇴계의 수제자로서 학봉
자신에게 수치이자 감당하기 힘든 일이었을 것이다. 그런데 학봉
에게 이를 만회할 수 있는 기회가 찾아왔다. 왜적에게 유린당하고
있는 경상도의 왜적 방어의 총책인 초유사로 임명받아 급파된 것
이다. 그로서는 실추된 명예를 회복할 수 있는 절호의 기회였을
것이다. 끝내 전장에서 죽음으로 자신에게 지워진 명예를 걷어낸
학봉의 선택은 아버지인 청계의 가르침, '영수옥쇄 불의와전'에서
비롯된 것이라고 할 수 있다.

청계의 이 가르침은 그가 단순히 엄마 같은 아빠 역할을 한 게

아니라 원칙과 신념을 견지하고 호연지기로 자녀 교육과 가문 경영에 임했음을 보여준다. 청계의 모성형 리더십은 여성적인 리더십이 전부가 아니다. 그는 정의를 위해서라면 목숨을 버리는 것도 마다하지 않는 '노블레스 오블리주'의 정신을 가르쳤다. 이 정신은 학봉을 거쳐 일제 시대에 그 후손들에게서 재현되면서, 한국판 노블레스 오블리주의 정신을 세상에 드러내게 된다.

학봉이 죽고 300년이 지난 후 또다시 일본이 우리의 강토를 유린하자 그의 후손들은 다시 왜적에 대항해 독립운동에 나섰고, 청계 집안에서만 무려 11명이 독립유공훈장을 받았다. 특히 학봉의 13대 종손인 김용환은 일본의 감시를 피하기 위해 '파락호'(재산가나 세력가 집안의 자손으로 집안의 재산을 몽땅 털어먹는 난봉꾼을 이르는 말)를 자처하며 독립운동에 자금을 대주며 후원한 것으로 유명하다. 그 후손들은 지금도 학봉의 '의도된 실언'을 깊이 되새기며 나라 사랑에 앞장서고 있는 것은 아닐까. 이처럼 의성김씨 가문은 학봉의 순국 정신을 디딤돌 삼아 조선의 명문가로 우뚝 섰다고 해도 과언이 아니다.

또 하나의 일화를 덧붙이자면, 청계는 사위가 어린 두 손자를 남겨놓고 요절하자 딸이 애처로운 나머지 자신의 묘터로 구해놓은 곳에 무덤을 쓰게 했다. 학봉 종가의 14대 종손인 김시인옹(1917~)은 "그곳이 바로 천하의 명당이고 전주류씨가 발복을 한 길지"라고 말한다. 청계의 자애로움이 전주류씨들을 감복시키기에 충분했으리라는 것은 능히 짐작할 수 있다. 바로 엄격함 속에 담긴 넉넉한 자애로움이야말로 청계가 보인 모성형 리더십의 핵심일 것이다.

청계의 4남인 학봉 김성일은 청계의 정신을 계승해 가문을 크게 일으켰다. 학봉의 후손들은 임진왜란 때 순국한 그의 유지를 이어 300년 후에 수많은 독립투사로 활약했다. 300년을 뛰어넘어 그의 정신이 그 후손들을 통해 재현된 것이다.

"을미사변 때는 증조부인 서산 김흥락이 의병대장으로 이름을 떨쳤습니다. 특히 우리 집은 일제 때 모두 세 번 팔렸어요. 부친이 노름판으로 집을 잃으면 문중에서 사주고 또 잃으면 또 샀습니

학봉의 14대 종손인 김시인옹 아흔을 넘긴 나이에도 종가를 찾는 방문객을 환대하며 학봉의 정신과 가풍을 전한다. 배려하고 개방하고 받드는 서비스 정신이야말로 예나 지금이나 변하지 않는 경영의 핵심일 것이다.

학봉 종가 안동시 서후면 금계리의 학봉 김성일 종가는 집과 가문의 품격이 무엇인지를 느끼게 한다. 집은 단순히 주거 공간으로만 머물지 않고 인재 배출의 산실이 되어야 비로소 품격을 갖추게 된다. 학봉 종가는 400여 년이 지난 오늘날 인재 경영에 관심 있는 사람이라면 꼭 한번 들러봐야 할 명소가 되고 있다.

다. 그게 진짜 노름판 돈으로 날린 게 아니고 독립 자금으로 넘긴 거지요. 천 석 살림 다 털어 독립운동을 했던 겁니다."

종손인 김시인옹은 "우리집은 나라가 위기에 처할 때마다 몸도 바치고 재산도 다 바쳤다"고 말한다. 독립운동으로 훈포장을 받은 사람이 학봉 후손만 15명이고 청계 후손들을 모두 합치면 38명이나 된다고 한다.

종가에는 '광풍제월光風霽月'이란 현판이 걸려 있다. 『송서宋書』에 나오는 고사성어로, 맑은 날의 바람과 비 갠 날의 달과 같은 인품을 비유한 표현이다. 미수 허목이 쓴 전서체 글씨인데, 이 집안에서 수많은 독립투사가 나올 수 있었던 것도 이와 같은 인품을 본받으려 했기 때문일 것이다.

수많은 인물을 배출해 낸 학봉 종가에는 지금도 하루에도 수십 명씩 방문객들이 찾아오고, 그곳을 찾는 방문객은 누구나 안채까지 들어갈 수 있다. 대부분의 종가들은 사생활 침해를 이유로 종가 주변은 둘러보게 해도 안채까지는 개방하지 않는다. 하지만 학봉 종가 사람들은 그 많은 손님들을 마다하지 않고, 싫은 내색 한번 하지 않는다. 손님들은 메모지를 들고 현판에 새겨진 글씨 하나하나에 대해 꼬치꼬치 묻기 일쑤다. 종가를 지키는 김용수 씨는 "모두 우리 집안을 좋게 여기고 멀리서 찾아오는 분들인데 어떻게 반기지 않을 수 있느냐"고 말한다. 종손인 김시인옹은 아흔을 넘긴 나이에도 얼굴 한번 찡그리지 않고 방문객들과 환담을 나눈다. 학봉 종가의 이 넉넉함이야말로 존경받는 명가의 출발점이 아닐까.

'모성형 리더십'으로 무장하라

'패러다임'은 미국의 과학사학자이자 철학자인 토마스 쿤이 처음 사용한 말로, 일반적으로 우리가 세상을 보는 방식을 말한다. 세상을 보는 방식, 즉 패러다임을 전환하기 위해서는 기존 사고의 틀을 깨야 한다.『칭기스칸, 잠든 유럽을 깨우다』를 쓴 잭 웨더포드는 서구에서 야만인, 피에 굶주린 미개인, 무자비한 정복자의 전형 정도로 폄훼해 왔던 칭기스칸을 '근대의 기획자'로 새롭게 평가한다. 세계체제론을 주창한 이매뉴얼 월러스틴은 15~16세기에 유럽을 중심으로 세계 체제가 형성됐다고 말했지만, 웨더포드는 이보다 200년 앞서 칭기스칸이 근대 세계 체계를 형성하는 데 탁월한 능력을 발휘했다고 주장한다. 기동성 있는 전문적인 전쟁 기술, 비단길을 역사상 가장 큰 자유무역 지대로 조성하는 등 세계화된 교역을 했고, 국제적 세속법을 통한 통치를 했다는 면에서 칭기스칸이 철저하게 근대적인 인물이었다는 것이다. 기존의 사고 패턴을 깨고 패러다임을 전환해 칭기스칸을 보면 이렇게 '야만인'에서 '근대의 기획자'로 승격된다.

패러다임의 전환을 통해 바라보면 우리의 과거도 온통 보수적이고 전통지향적인 틀에 묶여 있는 것만은 아니다. 우리의 과거 속 인물들 중에서도 '모성형 리더십'과 같이 요즘에 중시되는 덕목을 이미 수백 년 전에 실천한 '가문의 기획자'들을 수없이 만날 수 있다. 이들이 있었기에 한 가문을 넘어 사회를 이끄는 수많은 지도자들이 배출될 수 있었던 것이다.

요즘 기업체의 CEO들에게 가장 요구되는 것이 바로 패러다임의 전환, 발상의 전환을 통한 창조적 기업 경영이다. 이때 간과해서는 안 될 것이 모성형 리더십이다. 모성형 리더십은 서비스 정신이 근간이 된다. 그 바탕에는 엄마가 아이를 따뜻하게 보듬고 돌보듯 고객과 조직 구성원을 배려하는 마음이 깔려 있다.

명문가를 창업한 아버지들은 바로 '모성형 리더십'의 소유자였다. 의성김씨 청계 김진 가문과 함께 우리나라의 대표적인 명문가로 꼽히는 진성이씨 퇴계 이황 가문의 가장 두드러진 공통점은 바로 '엄마 같은 아버지'가 가정의 중심에 서 있었다는 것이다.

퇴계 이황은 조선 시대를 대표하는 대학자에 대한 우리의 통념을 뛰어넘어, '엄마 같은 아버지'로 자녀 교육에 헌신했다. 이미 500년 전에 섬세한 여성성을 특징으로 하는 '모성형 리더십'을 발휘한 것이다. 좋은 친구와 함께 지내며 학문을 닦는 것을 중시했던 퇴계는 아들과 손자, 조카뿐만 아니라 형의 외손, 질녀, 형의 사위, 형의 손자, 조카의 글공부와 어려움을 힘 닿는 대로 보살폈다고 한다. 조카와 조카사위, 종손자, 생질, 종질과 누님의 사위, 형제의 외손자, 질녀의 외손자까지, 그가 돌본 후손들이 무려 90

여 명에 달했다고 한다. 공부를 안 하는 후손이 있으면 고기를 선물하면서까지 학문을 독려하기도 했다. 퇴계는 자녀와 일가 후손에게 충고를 할 때는 감정이 상하지 않도록 말로 훈계하기보다는 편지를 활용하거나 먹을 것을 선물했다. 과연 요즘에도 큰형의 외손자까지 챙기는 자상한 할아버지가 있을까. 기업의 CEO가 퇴계처럼 임직원들을 대한다면 리더십은 절로 생겨나지 않을까.

학봉 김성일은 "선생의 대인관계는 매우 너그러워서 큰 허물이 없으면 끊지 않고 모두 받아들여 가르쳤는데 스스로 허물을 고쳐 착하게 되기를 바랐다"고 회고했다. 청계 김진은 바로 퇴계에게 자신의 다섯 아들을 제자로 보내 그의 학문뿐만 아니라 넉넉한 마음을 배울 수 있게 했다. 퇴계의 리더십으로 회자되는 것이 '너그러움'이다. 그래서 퇴계의 문하에는 늘 제자들이 몰려들었다. 흔히 집안에 사람이 몰려들면 흥한다는 말이 있다. 기업도 인재가 몰려들어야 함은 두말할 나위가 없다. 때로는 너그러움으로 기업 경영에 임해야 한다. 임직원이 실수해 회사에 막대한 손실을 입혀도 때로는 문책하지 않고 넘어가는 것이 길게 보면 공생하는 길이 될 수 있다. 실수를 하거나 손실을 입을 때마다 문책한다면 누가 마음 놓고 일을 하겠는가.

요즘의 지식사회는 권위적인 아빠가 아니라 '엄마 같은 아빠'를 요구한다. 목표를 향해 매진하는 산업화 시대에는 '마초'적인 남성성이 제격이었지만, 산업화 이후의 지식 시대에는 강한 남성성보다는 섬세한 여성성이 시장을 지배하고 있기 때문이다. 지식 시대에는 기업 내의 상하 구분이 없어져, 지시와 감독만으로는 더 이상 생산성을 높일 수 없다.

피터드러커 경영센터의 진 리프먼 블루먼은 인재를 중시하는 리더십으로 '관계지향적 리더십'을 꼽는다. 관계지향적 리더십을 가진 사람은 다른 사람이 목적을 달성하는 것을 돕는 데에서 보람을 찾는다. 여기에는 협력형, 헌신형 그리고 성원형 스타일이 있다. 협력형 스타일의 사람은 팀을 구성해 협력하며 일하는 것을 좋아한다. 헌신형 스타일은 다른 사람의 일을 도와주는 데에서 진정한 만족을 얻는다. 성원형 스타일은 다른 사람의 성취감을 북돋워주거나 스승처럼 조언하고 자신이 동일시하는 사람이나 집단의 업적에 대해 무한한 자부심을 갖는다.

관계지향적 리더십은 청계 김진 등 가문을 명문가의 반석에 올려놓은 '가문의 기획자'들에게서 공통적으로 발견되는 덕목이다. 신생 기업들의 경우도, 창업 초기의 어려움을 딛고 성장 단계로 나아가기 위해서는 자신의 가문을 명문가로 도약시킨 가문 기획자들이 보여준 관계지향적 리더십을 갖추는 일이 필수적이라고 하겠다.

경쟁과 목적 달성이 어느 때보다 치열한 글로벌 기업 환경에서 남성보다 오히려 여성들이 대접받고 있다. 그 이유는 여성들이 챙겨주고 섬기는 모성형 리더십을 지니고 있기 때문일 것이다. 500년 전에 '가문의 기획자'들은 이미 모성형 리더십을 발휘해 새 세상을 열었다. 이제 남성들도 권위를 벗어버리고 서비스에 강한 모성형 리더십으로 무장해야 할 때다.

조선의 으뜸가는 역할 모델, 백사 이항복

자수성가형 인재는 위기를 두려워하지 않는다

이항복가에서 배우는 핵심 인재의 조건 – 청백리淸白吏

영웅은 살아가는 힘을 제공한다.
– 워렌 버핏

자수성가형 핵심 인재, 백사 이항복이 실천한 '단계5의 리더십'

－역할 모델이나 멘토가 되고자 하는 이들에게 주는 5계명

- ◉ 위기를 두려워하지 마라
- ◉ 자신을 단련시키는 역할 모델을 구하라
- ◉ 선의의 경쟁자를 친구로 두어라
- ◉ 인재를 만나면 칭찬을 아끼지 마라
- ◉ 무엇보다 '정신'을 유산으로 물려주어라

조선을 살린 청백리 정신

'500년 조선을 살린 것은 청백리 정신이다.'

　조선 500년을 지켜나간 원천을, 혹자는 '청백리 정신'에서 찾기도 한다. 미국에 청교도 정신이 있다면 조선에는 청백리 정신이 있다. 강대국 미국이나 영국을 지탱하는 힘을 흔히 청교도 정신과 연관 짓곤 하는데, 미국식 자본주의의 부패에도 불구하고 미국이 강대국의 자리를 지킬 수 있는 배경에는 청교도 정신이 깔려 있다고 한다. 전반적으로 미국 사회에 자본주의의 어두운 면이 많이 내재해 있어도 청교도 윤리를 실천하는 기업가와 정치가, 종교인 등이 그나마 사회를 정화시킨다는 것이다.

　싱가포르의 리콴유 전 총리는 황무지나 다름없는 땅에 나라를 세워 깨끗하고 질서 있는 하나의 국가로 온전히 만들어낸 인물이다. 그는 자서전에서 싱가포르를 일등 국가로 만들어낼 수 있었던 것이 영국 유학에서 배운 '영국 정신' 덕분이었다고 쓰고 있다. 그는 케임브리지 대학에 유학하는 동안 영국인들에게 배운 것을 세 가지로 들었다. 첫째는 철저한 준법정신, 둘째는 합리주의, 셋째는 치밀성이라고 했다. 이 세 가지에 큰 영향을 받고 몸소 실천해 싱가포르를 일등 국가로 만들 수 있었다는 것이다. 그런데 이 세 가지 항목의 바탕에는 다름아닌 청교도 정신이 깔려 있다.

청백리 제도는 후세에 길이 거울이 될 수 있도록 관리 중에서 청렴결백한 사람을 선발해 특혜를 주는, 일종의 관기官紀를 바로 세우기 위한 제도였다. 청백리로 뽑히면 두고두고 가문의 영광이 되었다.

청백리는 조선 시대의 국가적인 역할 모델이었을 뿐만 아니라 가문의 역할 모델이었다. 조선 시대에는 과거에 급제해 조정의 벼슬아치가 되는 게 유일한 입신출세의 길이었으니, 그 길이 무척 좁았을 거라는 것은 불을 보듯 뻔한 사실이다. 요즘 몇몇 국회의원들이 당선 과정의 어려움에 한풀이라도 하듯 당선된 뒤에 뇌물을 받아 오명을 남기곤 한다. 조선 시대의 과거 시험이라고 다를 게 없었을 테니, 과거에 합격한 후에 흔히 '모럴 해저드(도덕적 해이)'에 빠져 자신과 가문, 나아가 국가에 먹칠을 하는 이들이 많았을 것이다.

청백리 제도는 이러한 국가적 모럴 해저드에 경종을 울리고 국가 경영을 투명하게 하는 데 크게 기여했을 것이다. 청백리로 뽑히면 그 후손들에게 음직(조선 시대에 아버지나 할아버지가 관직생활을 했거나 국가에 공훈을 세웠을 경우 과거 응시 없이 그 자손에게 내리던 관직)을 준 것도 그

백사 이항복을 기리는 화산 서원 '기억의 정치'라는 말이 있다. 역사적 사건에 대해 어떤 기억을 가지고 있느냐는 역사 인식과 직결된다. 백사 이항복은 그의 후손과 우리 역사에 어떻게 기억되고 있는가. 화산서원은 그의 고향인 경기도 포천시 가산면에 있다.

만큼 청백리가 되는 게 힘든 일임을 역설적으로 보여주는 예일 것이다.

청백리는 조선 시대에 공직자로서 사회적 책임을 다한 최고의 지도자상이자 최고의 역할 모델이었다. 청백리들이 없었다면 조선이 과연 500년 역사를 이어나갈 수 있었을까. 청백리야말로 500년 조선 역사를 지탱해 온 보이지 않는 힘이라고 해도 과언이 아닐 것이다. 백사 이항복은 조선 시대가 낳은 청백리로서 조선 시대의 선비들뿐만 아니라 경주이씨 후손들에게도 최고의 역할 모델이 되고 있다.

자수성가형 인재는 위기를 두려워하지 않는다

우리 역사상 수많은 위인과 명문가가 등장했다. 특히 한 나라의 급박한 국난기에 이러한 인물은 역사를 밝히는 등대와도 같은 역할을 한다. 그런 인물이 많을수록 국가는 혼란기를 버텨낼 수 있는 든든한 에너지를 보유하게 되는 것이다. 하지만 그러한 힘든 시기에 냉혹한 현실을 직시하고 신념을 간직한 채 행동한 사람들은 그리 많지 않다.

우리 역사의 국난기에 두 번씩이나 인재를 배출한 가문이 있다. 바로 백사 이항복의 가문이다. 임진왜란 때 병조판서와 영의정 등을 역임한 이항복은 청백리로 이름을 떨치며 전란기에 필요한 통합의 리더십을 발휘했다. 그리고 300년 후에는 다시 항일운동사에 큰 획을 그어 한국판 노블레스 오블리주의 상징이 된 우당 이회영과 그 형제를 배출했다. 이들 6형제는 백사 이항복의 4형제 중 2남인 이정남의 후손이다.

흥미로운 사실은 거의 300년을 주기로 국난이 발생했고 그때마다 당대의 핵심 인재가 경주이씨 가문에서 배출됐다는 점이다. 임진왜란기의 이항복에 이어 300년 뒤 일제 시대의 이회영이 국난 극복에 앞장서면서 가문의 영광을 재현한 것이다.

백사 이항복의 삶을 들여다보면 흥미로운 대목을 만날 수 있다. 백사는 영의정인 권철이 손녀 사윗감으로 발탁할 정도로 뛰어난 당대의 핵심 인재였다. 백사는 25세(1580년) 때 과거에 4등으로 합

백사 이항복이 살던 필운대의 암벽 400년 동안 수많은 후손들이 이곳을 다녀가면서 백사의 정신을 기리고 있다. 현재 배화여자대학 건물 뒤편에 옹색하게 보존되어 있다.

격해 관직에 진출했다. 이름은 이보다 앞서 세상에 알려졌다. 한양의 4부학당에서 치는 시험에 연이어 장원을 차지해 명망가들에게 사윗감 1순위로 뽑혔던 것. 맨 처음 그의 재능을 알아본 이가 영의정 권철이었다. 권철은 다름아닌 권율(1537~1599)의 아버지다. 권철은 백사의 재능을 한눈에 알아보고 그를 손녀의 신랑감으로 낙점했다. 백사는 19세에 권율의 사위가 됐다.

백사는 당대의 핵심 인재답게 일찌감치 율곡 이이에게 발탁되어 그와 정치적 노선을 함께했다. 30세에 이조판서에 오르는가 하면 33세에는 좌의정에 올랐다. 임진왜란 때는 줄곧 도승지와 병조판서, 우의정 등을 맡았고 45세에는 영의정에 올랐다.

권율은 사위보다 2년 늦은 1582년 46세의 늦은 나이로 과거에 급제해 관직에 나갔다. 처음에는 하급직에 머물다가 서애 류성룡에게 이순신과 더불어 발탁되었다. 하급 무관에서 파격 승진한 주인공답게 권율은 임진왜란 7년간 조선 군대의 최고지휘관(도원수로 지금의 육군참모총장)으로 활약했다. 백사는 장인이 죽고 난 이듬해에 도원수에 올랐다. 이로 미루어 보면 임진왜란 기간(1592~1597) 중 다섯 번이나 병조판서로 일했던 백사는 장인과 더불어 전란을 이끈 두 주역인 셈이다.

임진왜란이 끝난 후 백사와 권율은 나란히 공신에 올랐다. 권율은 선무공신 1등에, 백사는 호성공신 1등과 오성부원군에 책록되었다. 여기에 백사의 동서도 포함되는데, 권율의 또 한 명의 사위인 금남군 정충신(1576~1636)이다.

광주 지역의 노비 출신인 정충신은 권율을 도와 전라도의 여러 전투에서 큰 업적을 쌓았다. 그리하여 나중에는 면천을 받고 권율의 사위가 되었다. 광주의 유명한 금남로의 명칭은 바로 정충신에게서 따온 것이다. 정충신은 인조반정 이후 이괄의난 때 반란군을 토벌하는 데 큰 공을 세워 금남군이라는 시호를 받았다. 정충신을 발굴한 이가 바로 다름아닌 백사 이항복이었다. 그를 아껴 휘하에 두었고 동서의 연까지 맺은 것이다. 이는 엄격한 신분사회에서 이례적인 일이 아닐 수 없다.

백사와 권율의 관계는 한 세대 뒤인 우복 정경세와 그의 사위 동춘 송준길의 경우와 다른 듯하면서도 닮은꼴 이야기를 전해 준다(7장 참조). 우복이 동춘이라는 핵심 인재를 사윗감으로 발탁한 것처럼, 백사 또한 당대의 핵심 인재로서 권율의 부친에게 사윗감으로 발탁되었으니 말이다.

백사는 독학으로 당대의 핵심 인재가 된 '자수성가형' 인물의 전형이다. 그의 부친 이몽양은 형조판서를 지냈지만 그는 아버지의 보살핌을 거의 받지 못했고, 가르침을 주는 스승도 없이 혼자서 공부했다. 그는 9세 때 부친상을, 16세 때 모친상을 당했다. 4남 3녀의 형제들은 부모가 돌아가신 후 흩어져 살았다. 그가 쓴 시의 서문에는 "부모를 잃고 동서로 흩어진 뒤에는 혈혈단신으로 혼자 외로운 그림자뿐 의지할 곳이 없었다. 남들이 주는 것을 받아먹고 자랐다. 어려서는 아버지의 가르침을 받지 못하였고 자라서는 사우師友의 도움을 입지 못하였다. 미친 듯이 제멋대로 쏘다니면서 짐승처럼 저절로 자랐다"(이종묵,『조선의 문화공간 3』에서)고 회상하고 있다.

어려운 여건 속에서도 자신을 일으켜 세워 당대의 핵심 인재가 된 백사 이항복은 청백리로 뽑히는 등 조선 최고의 공직자상을 보여주었다. 개인과 가문뿐만 아니라 사회와 국가를 위한 역할 모델로 이보다 더 모범적인 인물이 존재할까.

역할 모델이 많을수록 위기에 강하다

"나라 재산이라면 바늘 하나라도 탐내지 말라."

조선 초의 청백리 이약동은 제주목사 임기를 마치고 서울로 돌아갈 때 손에 든 말채찍이 관청 물건인 것을 알고는 성루 위에 걸어놓고 갔다. 그 뒤 후임자들이 오랫동안 그대로 걸어놓고 모범으로 삼다가 채찍이 썩어 없어지자, 백성들이 바위에 채찍 모양을 새겨두고 그 바위를 괘편암掛鞭岩이라고 부르며 그 뜻을 기렸다.

우리 역사를 통해 회자되는 청백리는 요즘의 잣대로 비춰 볼 때 기업이나 국가에서 가장 절실하게 요구하는 핵심 인재의 조건에 해당한다. 부패의 유혹 앞에 대부분 고개를 숙이고 마는 세태에서 청백리의 존재적 가치는 결코 폄훼될 수 없다.

청백리는 관직 수행 능력과 청렴, 근검, 도덕, 경효 등의 덕목을 겸비한 조선 시대의 이상적인 관료상이다. 선비가 청운의 꿈을 좇아 벼슬길에 나갈 경우, 청백리가 바로 최고로 추구해야 할 역할 모델이었다. 청백리로 뽑힌 이들은 평생을 고위 공직에 몸담으면서 이상적인 관료상을 보여주었고, 은퇴 후에는 비바람도 제대로 가리기 어려운 초가삼간에 몸을 의탁했을 정도로 역사에서 유례가 드문 최고의 청렴을 보여주었다. 청백리를 뽑는 절차는 엄격했다. 2품 이상 당상관과 사헌부, 사간원의 수장이 천거하고 임금의 재가를 얻어서 의정부에서 뽑았다. 청백리가 되면 후손들에게 선조의 음덕을 입어 벼슬길에 나갈 수 있는 특전도 주어졌다. 명종 대부터 살아 있는 자는 '염근리廉謹吏'라는 명칭을 붙여 선발했고, 특별한 과오가 없는 한 사후에는 청백리로 녹선錄選했다.

> 청백리는 세상에서 중요한 명예인데, 오늘날의 선비들 가운데 이 명성을 감당할 만한 사람이 매우 드물어서, 천거하는 사람도 머뭇거리고 의심하면서 감히 천거하지 못하고 천거받은 사람 역시 감히 감당을 하지 못합니다.
>
> (『조선왕조실록』 선조 137권)

이항복이 청백리를 뽑으라는 선조에게 아뢴 말로, 청백리의 위상을 알 수 있게 하는 대목이다. 조선 시대를 통틀어 총 219명의 청백리가 배출되었는데, 퇴계 이황, 율곡 이이를 비롯해 손중돈, 이원익, 김장생, 이항복, 김상헌 등이 대표적인 인물로 꼽힌다. 『국조인물고』(조선 태조 때부터 숙종 때까지의 주요 인물들을 모아놓은 전기집)에 실린 조선 시대를 대표하는 인물이 2천여 명인데 그중 10분의 1이 청백리로 뽑혔던 것이다. 조선조 건국 이후부터 임진왜란이 발발한 선조 25년(1592년)까지 황희, 맹사성 등 162명의 청백리가 천거되었으나, 이후 300년 동안은 57명의 청백리만 배출되었다. 권력의 속성에 따라 시간이 갈수록 관리들의 부패 지수가 높아진 것이라고 볼 수 있다. 가문별로는 연안이씨가 7명으로 가장 많고, 이어 전주이씨, 파평윤씨, 진주강씨가 각각 6명, 신안동김씨, 광주이씨, 전의이씨, 문화류씨, 창녕성씨, 양천허씨 등이 각각 5명씩 배출했다.

백사 이항복은 관리로서의 최고 영예인 청백리로 녹선되었지만 그의 일생은 고난과 영광이 교차했다. 개인적으로 감당하기 힘든 고난도 감내해야 했다. 그는 임진왜란 때에 병조판서를 맡았고 전란이 끝난 후에는 영의정에 올라 피폐해진 민심을 수습하는 데 힘썼다. 또한 계축옥사 때에는 좌의정 자리에서 내쫓겨 도성을 떠나야 했다. 권력의 정점에 오른 그였지만 권력에서 내려오자 다시 고단한 삶이 시작되었다. 그는 뚝섬과 노원, 망우리 등지로 이사를 다니면서 4~5년을 가족들과 떨어져 외롭게 살아야 했다. 권력에서 쫓겨난 그를 찾아오는 이 하나 없을 정도였다.

雪後山扉晚不開　눈 온 뒤 산속의 사립은 늦도록 열지 않았고
溪橋日午少人來　개울가 다리에는 한낮에도 찾아오는 이 적구나
籬爐伏火騰騰煖　화로 안에 묻어놓은 불 대단히 따뜻해
茅栗如拳手自煨　주먹만 한 밤을 손수 구워 먹노라

(국역 『백사집 1』에서)

이항복의 묘 "우리 할배에게 술 한잔 드리고 가는데, 뭔 일로 이렇게 오셨어요?" 늦더위가 기승을 부리던 9월에 백사의 먼 후손이 그곳에 와서 제를 올리고 돌아가고 있었다. 포천시 가산면 금현리에 있는 이항복의 묘는 직계 자손뿐만 아니라 먼 후손들도 찾아와 안식과 염원을 할 수 있는 공간이 되고 있다.

　「설후雪後」라는 시를 읽으면 마치 눈앞에 있는 듯 백사의 모습이 선하다. 인적 없는 도성 밖을 전전하던 백사는 인목대비(광해군의 계모) 유폐 사건이 발생하자 이의 부당성을 논하는 상소를 올렸다. 이는 곧 죽음을 의미했다. 1618년 광해군은 중풍으로 고생하던 백사를 삭탈관직(죄를 지은 자의 벼슬과 품계를 빼앗고 벼슬아치의 명부에서 그 이름을 지움)하고 북청으로 유배를 보냈다. 그는 그곳에서 곧 숨을 거두었다. 유배지에서 죽었지만 백사는 그해 복권되었고 청백리에 올랐다.

　한 가지 더 덧붙이자면, 이항복은 실학파의 '원조'라고도 할 수 있다. 실학파들보다 200년 앞서 중국에서 본 구운 벽돌의 실용성에 주목했던 것이다. 그는 중국에 사신으로 갔을 때 중국에서 집과 성벽 등에 광범위하게 쓰고 있던 구운 벽돌을 눈여겨보고, 구운 벽돌 제조 기법을 비밀리에 알아와 벽돌 사용을 주장했다. 하나의 모형만 만들면 복제가 가능한 벽돌이 돌보다 더 쓰임새가 있고 내구성도 뛰어나다는 것이었다. 이는 나중에 연암 박지원이 『열하일기』 「도강록渡江錄」 편에서 백사를 인용하며 언급했다.

백사 이항복 하면 '오성과 한음'이 떠오른다. 한음 이덕형과는 어린 시절 절친한 친구였다. 백사는 다섯 살 연하의 한음과 나란히 벼슬길에 올랐으나 한음이 30대 후반에 재상에 오르는 등 한발 앞서 갔다. 그러나 백사는 그를 라이벌로 여겨 시기하거나 모함한 적이 없었다. 한음도 마찬가지로 백사의 품성과 같았기에 우정을 이어갈 수 있었을 것이다.

이들의 말년은 불우했다. 1617년 광해군이 인목대비를 폐위한 사건은 잘나가던 두 사람의 발목을 잡았다. 폐위를 반대했던 이덕형은 벼슬에서 쫓겨나 지방에 내려가 살다가 여생을 마쳤다. 백사는 자기보다 5년 먼저 세상을 떠난 이덕형의 부음을 듣고 찾아가 묘비명을 지어주었다. 백사는 율곡 이이의 비문, 이순신의 노량비문, 권율의 묘비명도 썼다.

폐위 반대 상소를 올렸던 이항복도 함경도 북청으로 유배를 떠난 지 5개월 만에 병사했다. 그가 유배 길에서 읊었다는 시조 「철령 높은 재에 자고 가는 저 구름아」는 지금까지 널리 불리고 있다.

백사를 역할 모델로 삼은 그의 후손들은 조선 시대 최고의 명문가를 일구었다. 그 가문에서는 백사에 이어 4명의 영의정과 1명의 좌의정을 배출했고, 내리 8대째 판서(장관급)를 배출하는 대기록을 세웠다. 이항복의 후손들은 '백사파'라는 독자 계보를 만들었다. 그 후손들 가운데 우당 이회영의 형제들은 일제 시대 독립운동을 통해 노블레스 오블리주를 실천하는 조선 최고의 '참여형' 명가를 만들었다.

백사 이항복은 권력에서 쫓겨나 도성 밖 망우리에서 홀로 집을 짓고 살던 62세 때에 퇴계 이황처럼 손자를 위해 천자문을 손수 필사했다. 숨을 거두기 1년 전의 일이었다. 백사는 공직자로서 청백리로 칭송받았을 뿐만 아니라 후손의 교육을 위해서도 열성을 다했다. 백사와 같은 '역할 모델'을 둔 그의 후손들이야말로 복받은 이들이 아닐 수 없다.

노블레스 오블리주의 상징이 된 우당 6형제

경주이씨는 고려 말인 13~14세기에 익재 이제현(1287~1367)이라는 대문장가를 배출했다. 16~17세기에는 백사 이항복(1556~1618)이라는 청백리를 낳았다. 그리고 300년 후에 다시 항일운동사에 큰 획을 그은 우당 이회영(1867~1932) 6형제를 배출했다.

1910년 나라가 망하자 이회영 6형제는 이회영의 주도로 12월 혹한에 40여 명의 식솔을 이끌고 만주로 떠나 독립운동에 뛰어들었다. 6형제가 처분한 가산은 당시 화폐로 총 40만 냥이었다. 우

▲우당 이회영과 그 형제들이 독립운동을 논의하는 장면 역할 모델은 인생의 등불 역할을 한다. 우당에게는 청백리이자 임진왜란 때 조선을 구한 백사 이항복이라는 걸출한 역할 모델이 있었다.

▶우당 이회영 형제들이 살던 명동성당 부근의 옛 집터를 알리는 표석 빌 게이츠도"인생은 공평하지 않다"고 말한다. 명문가의 후손은 재산과 권력을 사회와 국가를 위해 내던짐으로써 공평한 세상을 열 수 있지 않을까. 빌 게이츠도 재산을 자선사업에 내놓으며 공평한 세상 만들기에 나서고 있다.

당기념관의 윤홍목 이사는 "지금 돈으로 환산하면 600억 원 정도"라고 말한다. 안동의 고성이씨 석주 이상룡도 일가를 이끌고 그 뒤를 따랐다. 석주가 만주에서 다시 고국 땅을 밟지 못한 것처럼 우당의 6형제 중 5형제도 고국으로 살아 돌아오지 못했다. 6형제의 아들들도 대부분 독립운동을 하다 죽거나 실종됐다.

넷째인 우당 이회영이 형제들의 독립운동을 이끌었다시피 했다. 그는 1910년 같은 해에 50명의 가족들을 이끌고 만주로 갔던 석주 이상룡(1858~1932)과 함께 신흥무관학교를 설립해 수많은 독립운동가를 배출하는 데 앞장섰다. 우당은 22년 뒤인 1932년에 경찰에 붙잡혀 고문으로 숨졌는데 같이 독립운동을 주도했던 이상룡도 그해 6월 만주에서 숨졌다. 재산가였던 둘째 이석영(1855~1934)은 1만 석의 가산을 팔아 망명생활비와 신흥학교 운영비 등에 자금 지원을 했다. 그는 고종 때 영의정을 지낸 이유원의 양자로 갔다가 유산을 상속받아 거부가 되었지만, 독립운동자금으로 재산을 다 쓴 후 상해에서 사망했다.

6형제 중 유일하게 살아 돌아온 이가 다섯째 성재 이시영(1869~1953)이다. 그는 귀국 후 이승만 정권에서 초대 부통령까지 지냈다. 여기서 주목할 만한 것은 성재의 처신이다. 이승만 대통령이 권력욕에 사로잡혀 전횡을 일삼자 성재는 1951년에 부통령직을 미련 없이 사임했다. 성재는 독립운동가 후손들에게 장학금을 주는 우당장학회를 설립하고 신흥대학(한국전쟁 와중에 운영진이 교체되면서 경희대로 바뀌었다)을 세워 만주에서의 신흥학교를 계승하고자 했다.

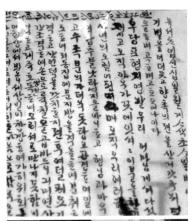

▲우당 이회영이 부인 이은숙 여사에게 보낸 한글 편지
▼우당 이회영이 사용한 낙관

1945년 11월 중국 상해 비행장에서 광복의 기쁨을 안고 귀국길에 오른 임정 요인들 김구를 비롯해 이시영, 김규식, 조완구 등이 기념촬영한 사진으로 우당기념관에 걸려 있다. 중앙의 태극기를 든 소년이 우당의 손자인 이종찬. 이 사진 한 장이 이종찬에게 평생 인생의 나침반이 되어 주었을 것이다.

　이회영 형제들의 자녀들도 독립운동에 앞장서다 죽거나 실종됐다. 장남인 이건영의 둘째 아들 규면은 신흥학교 졸업 뒤 상해에서 독립운동을 하다 병사했다. 셋째 아들 규훈은 만주에서 독립운동을 한 뒤 귀국해 공군 대위로 복무하다 한국전쟁 때 실종됐다. 이석영의 큰아들 이규준은 친일파를 암살하는 등 독립운동을 하다 20대 나이에 병사했다.

　지금은 이종찬 전 국정원장과 이종걸 의원이 백사의 삶을 역할 모델로 삼아 그 길을 따르고 있다. 이종찬 전 국정원장은 바로 우당의 차남 이규학의 아들이다. 이규학은 상해에서 일본 헌병대에 연행되어 고문 끝에 청각을 잃었다. 이종걸 역시 우당 이회영의 손자다. 이종걸은 대학 때 박정희 독재정권에 항거하는 데 앞장서다 결국 군대에 강제 입영했다. 그는 서울대 법대를 나와 변호사로 활동하다 국회의원이 됐다.

우당과 성재, 그리고 이종걸의 삶에서 350년의 시공간을 뛰어넘어 백사 이항복의 삶이 중첩되는 것을 느낄 수 있다. 특히 우당 이회영의 삶은 시대와 타협하지 않는 가문의 전통을 다시 한번 재현해 보여준 것이 아닐까. 이른바 '노블레스 오블리주' 정신은 그 이전에 제대로 된 역할 모델이 있을 때에 이를 본받으려는 모습으로 재현될 수 있을 것이다. 이는 가문이든 기업이든 국가든 마찬가지라고 하겠다. 역할 모델이 많은 가문이나 기업, 국가일수록 위기 때에 리더십을 발휘하는 위기관리자를 더 많이 배출할 수 있는 것이다. 그것이 바로 '보이지 않는 위대한 자산'이라고 할 수 있다.

보이지 않는 힘, 자긍심에 주목하라

서울 종로구 신교동에 우당기념관이 있다. 성재 이시영이 형인 우당 이회영의 독립운동 정신을 기리기 위해 세운 것이다. 우당기념관은 독립유공자들에게 장학금을 주는 유일한 곳이다. 이곳에서는 빛바랜 흑백 사진 한 장이 유독 눈길을 끈다. 다름아닌 상해 임시정부의 김구 주석과 법무위원 이시영 등이 해방을 맞아 귀국 전에 함께 찍은 사진이다. 그런데 이 사진에서 반바지 차림의 앳된 소년이 눈에 띈다. 김구를 비롯한 쟁쟁한 독립투사들과 나란히 사진을 찍은 이 소년은 당시 10세였던 이종찬 전 국정원장이다. 어머니 조계진과 아버지 이규학 등 가족들과 함께 찍은 사진이다. 이종찬은 우당 이회영의 차남인 이규학의 아들로 상해에서 태어나 해방을 맞았다.

이 한 장의 사진이야말로 이종찬에게는 가슴 벅찬 자긍심을 일깨워주기에 충분했을 것이다. 대부분의 독립운동가 후손이 해방 후 어려운 생활을 했듯이 이종찬 집안도 힘겹게 생활했다. 부친 이규학은 고문으로 인한 청각 상실로 평생 어렵게 살았다. 이종찬은 이러한 어려움을 이겨내고 자신을 일으켜 세웠는데, 그 자신을 지탱해 준 보이지 않는 힘이야말로 우당의 형제들과 그 아들들이 실천한 노블레스 오블리주의 자긍심이었을 것이다.

자녀들은 부모의 등을 보고 자란다는 말이 있듯이, '역할 모델'의 중요성은 먼저 가정에서 확인할 수 있다. 가정만큼 사회화가 자연스럽게 이루어지는 곳이 없기 때문이다. 부모의 본보기, 솔선수범이 중요한 이유다. 여기에 가족이나 가문의 DNA에 대해 다시금 생각해 보아야 하는 까닭이 있다. 이른바 '악화惡貨가 양화良貨를 구축驅逐한다'는 경제 원리를 가족 DNA의 진화에도 그대로 적용할 수 있기 때문이다.

반성 없는 과거의 질곡에 빠져 선진국으로서 제 역할을 다하지 못하고 있는 일본의 경우를 바로 이런 현상으로 설명할 수 있을 것이다. 독일처럼 패전 후 전쟁 범죄를 반성하는 지도자(양화)가 나와서 제 역할을 해줬더라면, 일본도 제대로 된 역사 인식을 갖춘 역할 모델을 가질 수 있었을 것이다. 그러나 불행하게도 일본은 군국주의를 미화하는 지도자(악화)를 역할 모델로 삼았다. 그 결과 역할 모델에서도 악화가 양화를 몰아낸 꼴이 되었다. 아베 전 총리가 바로 악화의 역할 모델을 가지고 있는 경우일 것이다. 아베가 존경하는 역할 모델은 다름아닌 군국주의자로 A급 전범인 외조부 기시 노부스케 전 총리다. 그래서 위안부 문제를 인정하려 하지 않는다. 이를 인정하면 자신의 정체성을 부인하는 꼴이 되기 때문이다. 또 외무부장관을 지낸 그의 부친인 신타로는 장관 시절에 독도는 일본 땅이라고 망언을 했던 장본인이다.

이러한 역할 모델은 오히려 국가의 품격을 떨어뜨리고 이류 국가, 삼류 국가의 오명에서 벗어날 수 없게 만든다. 일본이 아닌 한국의 입장에서 볼 때 아베의 자긍심은 군국주의를 부추기는 '협량의 자긍심'으로 작용하고 있다고 하겠다. 진정한 자긍심이란 이런 게 아닐 것이다. 일제 시대 친일파와 그 후손들이 아직도 명문가로서 자긍심을 가지고 있다면 그것 또한 진정한 자긍심이라고 할 수 없다.

사회적으로 존경받는 명가는 결코 하루아침에 이루어지지 않는다. 명가는 그 선인들의 노고와 명예를 이어받아 자긍심이라는 가장 값진 유산을 대물림하는 것이다. 고난이라는 값비싼 대가를 치르지 않으면 명문가의 반열에 오를 수 없다. 그렇기에 가문의 자긍심 또한 하루아침에 이루어지는 게 결코 아니다. 자긍심은 어쩌면 고난과 희생이라는 리스크를 감내하고서야 얻을 수 있는 값진 유산이라고 할 수 있지 않을까.

상해 임시정부 초대 국무령을 지낸 석주 이상룡은 삭풍이 몰아치던 1911년 1월 5일, 52세에 온 가족을 데리고 망명길에 올랐다. "공자, 맹자는 시렁 위에 얹어두고 나라를 되찾은 뒤에 읽어도 늦지 않다"는 것이 망명의 변이었고, 나라를 찾기 전에는 돌아오지 않겠다는 각오를 새기고 걸음을 재촉했다. 고성이씨 17대 종손이었던 석주는 조국을 되찾을 때까지 결코 돌아오지 않겠다며 사당의 위패를 모두 땅속에 파묻었다. 석주의 증손자인 이범증 교장(중앙중학교)은 "지금 임청각 사당에 조상의 위패가 없는 것은 그 때문"이라고 설명한다.

석주는 1932년에 끝내 만주에서 숨을 거뒀다. 그의 정신은 형제와 아들, 손자에게 이어져 3대째 독립운동에 투신했으며 모두 9명이 독립훈장을 받았다. 이는 석주 가문과 함께 만주에서 독립운동을 한 우당의 6형제와 너무도 닮아 있다.

이른바 '노블레스 오블리주'는 명문가를 만드는 '고난의 비용'에 해당한다. 명문가가 지불하는 고난의 비용은 높은 사회적 신분에 상응하는 도덕적 의무의 발로인 것이다. 이는 존경받는 기업이 되기 위해서는 스스로 이윤을 사회에 환원해야 하는 것과 같다. 자긍심은 바로 여기서 나온다. 자긍심은 다름아닌 희생이라는 비용을 지불해야만 얻을 수 있는 산출물이라고 할 수 있다. 노블레스 오블리주나 자긍심은 희생이라는 투자를 하지 않으면 결코 얻을 수 없는 가치이다.

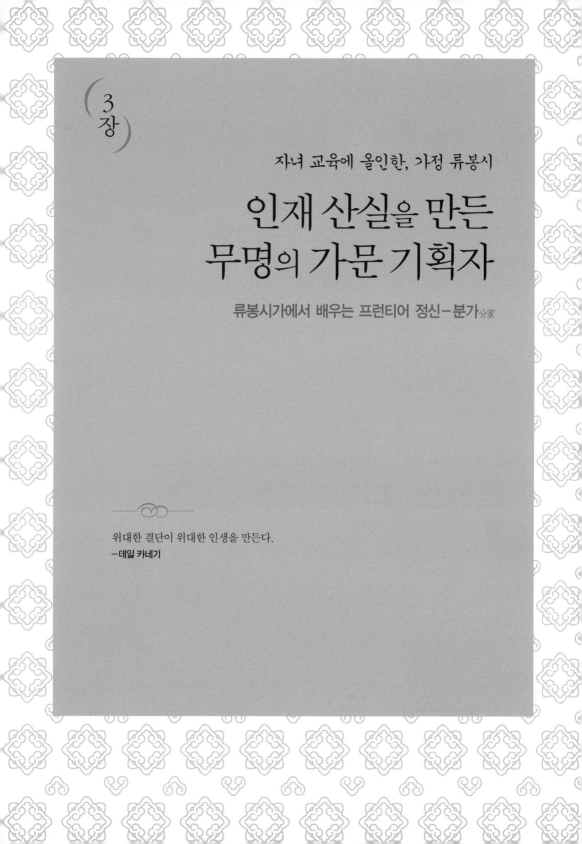

3
장

자녀 교육에 올인한, 가정 류봉시

인재 산실을 만든
무명의 가문 기획자

류봉시가에서 배우는 프런티어 정신 – 분가 分家

위대한 결단이 위대한 인생을 만든다.
–데일 카네기

무명의 가문 기획자, 가정 류봉시가 실천한 '단계5의 리더십'
— 자녀 교육에 '올인all-in' 하는 이들에게 주는 5계명

◉ 먼저 철이 들게 하라 (그러면 공부를 알아서 한다)

◉ 가까이에서 인생의 멘토를 구하라

◉ 큰 인물을 벤치마킹하라

◉ 둥지를 떠나는 아픔을 겪게 하라

◉ 은혜를 결코 잊지 마라

외가의 가풍을 벤치마킹하다

420여 년 동안 한 해도 거르지 않고 제삿날이면 어김없이 대구포를 사들고 외갓집을 찾아가는 이들이 있다면…….

전설 같은 이야기가 아닐 수 없다. 한두 해도 아니고 무려 400여 년 동안 그러한 전통을 이어가기란 인간사에서 결코 쉬운 일이 아니다. 하지만 이 이야기는 사실이다. 실제로 일어나고 있는 일이다. 그 사연은 다름아닌 안동의 전주류씨와 의성김씨의 인연에서 비롯된다.

안동 전주류씨의 그 옛날 외갓집이 바로 의성김씨 청계 김진 가문이다. 전주류씨가 안동에서 살기 시작한 것은 지금으로부터 460여 년 전의 일이다. 청계가 1580년에 세상을 떠난 뒤로 지금까지 무려 428년째 그의 기일에 맞춰 전주류씨 종손이 그 옛날의 외가를 찾아 그를 기리고 있다. 대구포는 안동 일대에서 제사상에 꼭 올려야 하는 필수품인데, 해마다 그 대구포를 정성스럽게 제사상에 올리는 것이다.

엄마같이 돌보고 이끄는 이른바 '관계지향적 리더십'을 지닌 가문 기획자에 의해 명문가로 부상한 경우로 앞 장에서 청계 김진 가문을 소개했다. 안동 일대의 전주류씨(수곡파)는 바로 청계 김진 가문과 혼인관계를 통해 청계의 관계지향적 리더십, 즉 모성형 리더십을 흡수해 명문가로 도약할 수 있었다. 안동의 무실(수곡)과 박실, 삼산, 한들 일대에서 산 수곡파는 이 지역에서 손꼽히는 '수재 집안'으로 통한다. 안동 일대에서는 주실에 한양조씨가 있다면 무실에 전주류씨가 있다는 말이 회자될 정도다. 전주류씨 가문은 조선 후기에는 퇴계학의 정통 계보를 잇는 정재 류치명(1777~1861)과 교육계몽운동을 펼친 류인식 등을 배출했다. 또 해방 후에는 대학교수 등 수많은 인재를 낳았다.

시인 류안진(서울대 교수), 작가 이인화(본명 류철균, 이화여대 교수) 등이 대중적으로 알려진 인물이다. 시인 류안진은 3자매가 대학교수로 류안진은 서울대, 동생인 류혜령과 류현숙은 각기 영남대, 미국 아이오아 주립대 교수로 재직하고 있다. 류석춘(연세대 교수)과 류석진(서강대 교수) 형제는 류혁인 전 공보처장관의 아들들이다. 이인화는 류기룡 경북대 명예교수(국문학)와 부자지간이다.

전주류씨의 특징은 조선 시대 선비들의 필수과목이었던 이른바 '문사철'(문학, 역사, 철학)에 강하다는 것이다. 조선 시대에는 학문과 덕행이 뛰어난 선비를 군자로 칭했고 최고의 인물로 칭송했

▲수곡의 전주류씨 종택 전경 창업 초기에는 가능한 한 '큰 언덕'에 의지해 후일을 도모하는 게 바람직하다. 안동의 전주류씨는 청계 김진가의 학풍과 가풍을 수용해 안동의 명가로 도약해 '천김수류'라는 말이 나왔다.

▶전주류씨 종택의 사랑채인 월회당 전주류씨는 매달 모임을 갖고 학문을 토론하고 시문을 지으면서 학문의 명가로 도약했다.

다. 군자는 학문(문사철)에 능해야 할 뿐만 아니라 시서화詩書畵의 재능도 겸비해야 했다. 문사철이 전공필수라면 시서화는 교양필수인 셈이다. 전주류씨의 특징은 바로 학문에 특히 강한 면모를 보인다는 점이다. 그리하여 문사철과 시서화에 능한 집안의 전통으로 수많은 문집을 남겼다. 지금도 그 유전자가 이어져 다시 학자들과 문인들을 많이 배출해 내고 있다. 이것은 다름아닌 의성김씨와의 교류를 통해 가풍을 정립한 전주류씨 가문의 출발에서 기인한다고 볼 수 있다.

전주류씨 가문에 큰 영향을 끼친 사람은 명문가의 초석을 쌓은 청계 김진이다. 대대로 한양에서 살던 전주류씨가 안동 무실에 살기 시작한 것은 강릉 판관을 지낸 류식의 손자인 류성(1533~1560) 때부터인데, 류성이 바로 청계의 사위다. 결혼 후 수곡(무실)에 정착한 그가 처가의 가풍을 벤치마킹해 자녀 교육에 나서 인재를 배출하기 시작했다. 5형제를 과거에 합격시켜 명문가의 초석을 쌓은 청계의 관계지향적 리더십이 혼인관계를 통해 전주류씨 가문에 '접목'된 것이다. 이를 상징하는 말이 '천김수류川金水柳'다. 천전川前의 의성김씨와 수곡의 전주류씨가 청계 김진이 구축해 놓은 사회적, 경제적 기반 위에서 300년 동안 혈연적, 학문적 동질감을 통해 안동의 명문으로 우뚝 설 수 있었던 것이다.

전주류씨는 안동시 임동면 수곡(무실)에 살면서 6킬로미터 정도 떨어진 '돌고개' 너머 내앞마을의 의성김씨와 수백 년간 혈연과 학연을 맺으면서 명문가로 도약할 수 있었다. 류성에게서 시작된 전주류씨 수곡파는 '가격家格'이 높은 처가의 문화를 수용하면서 일대 도약의 기틀을 마련한 셈이다. 이는 독자 기술이 부족한 기업이 원천 기술을 소유한 기업과 합작 등의 비즈니스 관계를 활용해 새로운 부를 창출한 경우에 비유할 수 있을 것이다.

의성김씨 청계의 딸을 부인으로 맞은 류성이 어린 두 아들을 남기고 28세에 요절하자, 김씨부인은 친가의 예법에 따라 어린 아들들을 가르쳤다. 하지만 부인은 남편의 삼년상을 마치고 그만 자결하고 말았다. 두 아들(류복기와 류복립 형제)은 외할아버지 청계 김진이 데려가서 양육했다. 외숙부인 학봉 김성일은 생질을 자식처럼 대하며 지극한 정성으로 가르쳤다. 그리고 생질들의 멘토가 되어 학문에 힘쓰도록 이끌어주었다. 이것이 바로 류복기 형제에게 전해진 '학봉가법鶴峯家法'이다. 의성김씨와 전주류씨는 이 학봉가법을 통해 조선 말까지 학문적, 혈연적, 지역적 연대성을 유지하게 되었다(권오영 논문 「전주류씨 수곡파의 기학연원과 사상적 특징」 참조).

임진왜란이 일어나자 학봉은 류복기에게 편지를 보내어 안동에서 의병을 일으킬 것을 당부했고 류복기는 이를 실행했다. 이 공로로 류복기는 이조참판에 추증됐다. 후일 류복기는 "우리들이 문자를 알고 토지와 가업을 지켜올 수 있었던 것은 털끝 하나도 모두 외삼촌의 힘이었다"고 술회했다.

외가에서 외삼촌인 학봉의 가르침을 받은 류복기는 분가할 때도 큰 도움을 받았다. 학봉은 장가를 드는 생질에게 살림도 차려준 것이다. 이러한 도움에 힘입어 전주류씨는 훗날 인재 산실이 될 수 있었다.

전주류씨와 의성김씨의 인연은 400여 년 동안 계속 이어져오고 있어 화제다. 학봉 종가의 김시인옹은 "아직도 전주류씨 종손은 학봉의 기일에 맞춰 대구포를 가져와 학봉의 정신을 기리고 있다"고 전했다. 그야말로 청계와 학봉의 2대에 걸친 '자상한 돌봄'

류복기가 세운 수곡리의 가양서당 전경 학봉 김성일은 생질인 류복기를 친아들처럼 키우며 멘토 역할을 다했다. 또한 류복기의 후손들이 안동의 전주류씨를 학문의 명가로 만들었다.

이 후손 대대로 세의世誼(대대로 사귀어온 정)로 이어져오고 있는 것이다. 남성의 모성형 리더십은 엄격함과 자상함의 절묘한 조화가 돋보인다. 엄격함만 강조하면 멀어지기 쉽고 자상함이 지나치면 예의를 벗어날 수 있다.

류복기는 1615년에 자손들을 가르치기 위해 기양서당을 건립했다. 기양서당은 서울에서 안동으로 내려와 정착한 전주류씨(수곡파)가 의성김씨의 학문적 영향을 받고 학문 토론과 교육을 담당하는 정신적 전당의 역할을 했다. 기양서당이 있었기에 전주류씨는 수많은 인재를 배출하며 가문의 격을 높일 수 있었다.

외가와의 문화적 교류를 통해 성공한 또 다른 가문으로, 여강이씨를 대표하는 회재 이언적(1491~1553) 가문을 들 수 있다. 이언적의 가문은 경주시 강동면 양동마을에 종가를 두고 있는데, 종가인 무첨당(보물 411호)에는 지금도 그 후손들이 살고 있다. 원래 양동마을은 월성손씨가 살던 곳으로 종가인 서백당이 있었는데, 이언적이후부터 여강이씨가 함께 살게 되었다. 회재는 외가인 서백당에서 태어나 중종 때 청백리로 이름난 외조부인 우재 손중돈의 가르침을 받았고, 여강이씨는 월성손씨의 문화를 받아들이면서 가문의 번영을 이룰 수 있었다.

300년 전에는 '대치동 아빠'가 있었다

류성의 5대손인 가정 류봉시(1654~1709)는 무실에서 분가하는 과정을 겪게 된다. 대부분의 명문가에는 초창기에 자녀 교육의 토대를 닦고 가학家學의 전통을 세운 이가 존재하는데, 무명의 류봉시가 그중 한 사람이다. 수곡파는 류봉시와 그의 두 아들에게서 분파해 새로운 삼가정파를 만들었는데, 이에 결정적인 역할을 한 사람이 바로 류봉시다.

숙종 때의 인물인 류봉시는 초야에 은둔한 처사였지만 가문의 기획자 역할을 다했다. 달리 말하자면 전주류씨는 류봉시라는 가문 기획자를 만나면서 명가로 일대 도약하게 된 것이다. 비록 류봉시는 벼슬길에 나아가지도 못했고 학문의 경지에도 오르지 못했지만 자녀 교육을 통해 전주류씨가 도약하는 초석을 놓았다.

인륜에 돈독하고 의리를 좋아했으며, 시례詩禮의 전통을 계승하였다. 두 아들을 두었는데 재주가 뛰어나고 위인의 자질과 도량이 있었다. 그래서 소란하고 어지러운 마을에서 올바르게 가르치기에는 방해거리가 너무 많다고 생각해 위동 골짜기 산중으로 두 아들을 데리고 들어가 세속과 격리된 상태에서 10년 동안 전심전력으로 교육했다. 그렇게 한 이유는 대체로 맑은 물과 돌로 마음을 씻고, 담백한 국과 밥을 취하게 함으로써 학문의 뜻이 굳어지도록 하기 위함이었다. 그리하여 단순히 글공부에만 목적을 두지 않고 그들의 자질을 다듬어 인품이 완성되도록 하기 위한 것이었다.

(이준형, 『삼가정기』에서)

류봉시는 먼저 무실 종가에서 분가를 통해 새로운 도약의 기틀을 마련한다. 1674년에 류봉시는 두 아들 승현과 관현을 데리고 무실 종가에서 분가해 십리 밖 위동에 터를 잡았다. 이때 류봉시는 아내와 이렇게 의논했다.

우리가 자식을 잘 가르치지 못하면 세상에 자랑할 것이 없으니 십리 밖 위동으로 이사를 가서 토실을 짓고 십 년을 공부시켜 두 아들이 다 성취하여 대과 급제를 하게 합시다.

류봉시는 두 아들을 가르치기 위한 서재를 지어 이를 '삼가정'이라 하고, 세 그루의 가죽나무를 심었다. 가죽나무는 자녀 교육에 필요한 회초리를 만들기 위해서였다. 청계처럼 자녀 교육을 통

▲삼가정 누구나 뜻을 세우면 창업자로 우뚝 설 수 있다. 이름 없는 선비였던 류봉시는 두 아들의 교육을 위해 한적한 마을에 집을 짓고 삼가정이라 이름 붙였다. 삼가정은 '가죽나무 세 그루가 있는 집'을 뜻한다.

▼삼가정의 불을 밝힌 바윗돌 류봉시와 두 아들은 밤이면 이곳에 불을 밝히고 책을 읽으면서 토론을 했다. 밤을 밝히며 노력하는 자를 이기는 사람은 아무도 없다. 세계를 여행하다 보면 아직도 세계 속의 한국은 일본이나 중국에 가려져 있다. 스러져가는 기운을 다시 결집시킬 수 있는 리더십이 절실하다.

해 새로운 가문의 초석 쌓기에 나선 것이다.

분가란 전통사회에서 자신이 태어난 본가本家에서 떨어져 나와 새로운 일가를 창립하는 일종의 통과의례요 신분 행위였다. 큰아들은 결혼한 뒤 부모와 동거하여 집을 물려받고 본가를 이루어 가계를 계승하며, 둘째 이하의 아들은 결혼 후 부모에게 재산의 일부를 물려받아 조만간 살림을 나가 분가를 했다. 이러한 가족제도에 따라 상속제도도 장자를 우대하는 방향으로 시행되었다. 이전에는 10년 정도 본가에서 살다가 분가를 하는 경우가 많았다.

차남이었던 류봉시도 본가에서 두 자녀를 낳은 후에 분가를 했다. 류봉시의 분가는 지금으로 보면 자식 교육을 위해 서울이나 미국 등지로 이민을 간 것과 다를 바 없다. 그만큼 류봉시는 자녀교육을 위해 초심으로 돌아가 온갖 정성을 다했다. 아버지의 자식교육에 대한 지극한 뜻을 안 두 아들은 학문에 매진했다. 그렇게 류봉시는 10여 년에 걸쳐 자식 교육에 열과 성을 다했고, 두 아들은 부친의 바람대로 과거에 급제했다. 하지만 두 아들의 과거 급제는 류봉시가 이미 사망한 뒤의 일이었다.

장남 류승현(1680~1746)은 숙종 때 문과에 급제해 종성부사에 올랐다. 동생 관현(1692~1764)도 문과에 급제해 형조참의를 지냈다. 함경도 경성부사를 지낸 류관현은 백성을 괴롭히는 폐단을 없애는 데 앞장섰다. 그는 행실이 바르고 학식이 깊어 영조 때 사도세자의 스승이 되었다. 외직에 있을 때는 목민관으로 선정을 베풀었는데, 정약용의『목민심서』에 그의 치적이 기록되어 있다. 류관현의 3형제(통원, 도원, 장원)는 모두 학식이 뛰어났는데, 이중 도원은 이황의 『퇴계집』의 난해한 부분을 상세하게 풀이한 『계집고증』을 지어 퇴계학에 대한 연구의 길잡이를 제시했다.

류관현의 3형제는 아주 우애가 깊었다. 1766년 흉년이 들어 살림이 어려워지자 분가해 살던 3형제는 고향 마을인 안동 박곡마을에 다시 모여 '삼체당'이라는 집을 짓고 단란하게 함께 살았다. 이 무렵 류도원의 스승인 대산 이상정이 와서 묵으면서 이들 형제의 화목하고 우애 있는 모습을 보고 "천하의 화기가 여기 다 모였네"라고 칭찬할 정도였다. 대산 이상정은 류관현과 함께 영조 때 과거에 합격한 인물로 학문이 높아 '소퇴계'로 불렸다.

가난하고 형편이 어려워지면 오히려 형제자매간에 분란이 일어나는 경우가 더 많다. 잘 살고 먹을 게 있을 때는 서로 인정을 베풀다가도 어려워지면 나 몰라라 하게 마련이다. 그런데 이들 형제는 가난할수록 오히려 힘을 합쳐 이를 이겨나갔다. 이러한 형제간의 화합은 학문적 성과로 이어졌다.

류봉시의 두 형제는 아버지가 분가한 것처럼 다시 분가의 과정을 밟는다. 두 아들은 안동의 박실에 자리잡아 '삼가정파'라는 새로운 지파를 이루게 된다. 청계가 5형제를 교육시켜 소종가를 탄생시켰듯 류봉시도 두 자녀를 잘 교육시켜 새로운 지파를 탄생시킨 것이다. 이러한 분가는 기업 경영으로 보면 새로운 계열사를 만드는 과정에 비유할 수 있다. 전주류씨는 분가를 거치면서 이후 그 후손들 중에서 수많은 학자를 탄생시켰다.

이중 류승현의 가학은 류도원-류범휴-류정문 등으로 이어지면서 지역에서도 명성이 자자해 '3대 도천' 가문에 오를 수 있었다. '도천道薦'이란 그 지방의 감사가 도내의 유능한 인물을 천거하는 것을 말한다. 그 지역에서 학식과 덕망이 높은 이들이 주로 천거되어, 자연히 이를 가문의 영광으로 여겼다. 조선 시대에 벼슬길에 나가는 방법으로는 크게 3가지가 있었다. 과거에 합격하거나, 벼슬을 지낸 조상 덕에 관직(음직)에 나가거나, 도천을 받는 것이었다. 삼가정파 후손들은 3대 도천에 이어 7대에 걸쳐 문집을 냈는데, 이러한 전통을 아직도 소중하게 간직하고 있다.

동생 류관현의 가학은 퇴계학을 이은 정재 류치명으로 이어졌다. 퇴계학은 학봉 김성일과 갈암 이현일, 그의 아들 밀암 이재를

임하댐을 바라보는 수곡마을 전경 500년 전 어린 류복기 형제는 저 산을 넘고 넘어 외삼촌인 학봉 김성일에게 가서 학문을 익혔다. 멀리 왼쪽에 보이는 산 너머에 류성의 처가이자 류복기의 외가인 청계 김진의 종택이 있다.

거처 18세기에는 대산 이상정에 의해 집성되었다. 그래서 이상정을 '소퇴계'라고 불렀다. 이상정의 학맥은 정재 류치명으로 이어졌는데, 이 학파에서 의병운동가와 독립운동가가 많이 나왔다. 전주류씨의 학맥은 무명의 처사 류봉시의 두 아들인 류승현과 류관현에게 힘입은 바가 컸다.

학문의 명가로 도약하다

전주류씨는 조선 시대에 문집을 가장 많이 낸 '빅 5'(의성김씨, 안동김씨, 진성이씨, 반남박씨 등) 가문으로 꼽힌다. 수곡파에서 문집을 낸 이가 200년에 걸쳐 모두 100여 명에 900여 권이고, 이 가운데 류봉시의 후손인 삼가정파에서 문집을 낸 이가 40여 명, 300여 권에 이른다. 한 사람이 보통 9권 정도의 문집을 낸 셈이다. 대표적인 문집으로는 27권의 문집을 낸 정재 류치명의 『독서쇄어』를 비롯해 퇴계의 문집을 고증한 류도원의 『계집고증』, 그의 동생 류장원이 영남 예학을 집대성한 『상변통고』, 류인식의 『대동사』 등이 있다.

  전주류씨는 의성김씨와 함께 조선 후기 벼슬에서 소외된 남인(이황, 조식, 서경덕의 학문을 계승한 동인 가운데 퇴계 이황의 영남학파가 중심이었다) 정재 류치명이 오른 참판(정2품)이 최고 벼슬자리였다고 한다. 전주류씨 중에 과거에 합격한 이는 문과 10명, 생원 진사 33명에 불과하다. 조선 후기 영남의 퇴계학파(남인)는 벼슬길이 막히다시피 했는데, 대부분의 선비들이 과거를 준비하기보다 학문에 힘썼다. 안동의 전주류씨가 학문의 명가가 된 데에는 권력에서 배제된 역사적인 연원이 작용한 셈이다. 이는 어쩌면 벼슬길에 나아가지 못한 데 대한 반대급부라고 할 수 있다. 하나를 이루면 다른 하나를 이루지 못하고, 다른 하나를 이루지 못하면 또 다른 하나를 이룰 수 있는 것이다. 어떤 상황에서도 '절실함'만 있으면 이루지 못할 것이 없다.

이러한 학문적 전통 덕분에 안동의 전주류씨는 오늘날 그 후손 가운데 학자나 문화예술계 인사가 유달리 많다. 전주류씨만 보더라도 이른바 '가문의 DNA'라는 게 있음을 새삼 실감할 수 있다. 유전적으로 후손은 선조의 얼굴을 닮듯이 재능 또한 선조의 DNA를 닮는다. 명문가들의 후손을 보면 수백 년 전에 그려진 선조의 초상화 속에서 닮은꼴 흔적을 엿볼 수 있다. 그것이 가문의 DNA다. 얼굴 생김새뿐만 아니라 성정(캐릭터)이나 취향, 자질도 닮을 수밖에 없다.

보학譜學에 해박한 류일곤 씨(성균관 전학)는 "오늘날 전주류씨 수곡파 후손들 중에서 학자와 시인, 소설가 등이 많이 배출되어, 학계와 문화예술계에서 폭넓게 활동하고 있다"고 소개한다. 전주류씨 수곡파는 큰집인 무실 종가를 비롯해 박실 그리고 삼산의 세 종가로 대표된다. 여기서 특히 박실과 삼산에서 인재들이 쏟아져 나왔다.

류일곤 씨 역시 그의 선조인 류봉시처럼 엄마 같은 아버지 역할을 하며 2남 1녀의 자녀 교육에 나섰다. 아이들은 방에서 항상 책을 읽는 아버지를 보면서 어린 시절을 보냈다. 류씨는 공휴일이면 도시락을 준비해 아이들을 데리고 시립도서관에 가서 함께 책을 읽었고, 똑같은 노트를 사서 어린 두 아들과 함께 저녁때면 꼭 일기를 썼다. 그는 아이들의 일기장뿐만 아니라 성적표 등 모든 자료를 모아두었다. 아버지의 솔선수범에 힘입어 아이들은 서울대와 포항공대, 스탠퍼드 대학에 들어갔다.

청계 김진으로부터 그의 사위 류성, 그리고 류봉시로 이어지는 모성형 리더십은 오늘날 그의 후손들에게 면면히 이어지고 있다. 풍산그룹 류목기 총괄부회장은 전주류씨를 대표하는 재계인사로 꼽힌다.

류 부회장은 어머니를 일찍 여의고 할머니와 형수(정봉순)의 보살핌 속에서 자랐는데, 특히 형수의 헌신적인 배려가 컸다고 한다. 초등학교 교사였던 형수는 시동생을 마치 자식처럼 열성적으로 뒷바라지했다. "형수님은 풀을 뜯어먹더라도 교육을 시켜야 한다"면서 안동의 신혼 단칸방에 함께 기거하게 했다고 류 부회장은 회고한다.

류 부회장은 서울대 사범대를 졸

류목기 부회장 풍산그룹은 서애 류성룡의 후손 류찬우가 창업자로 전주류씨인 류부회장과는 일가가 아니다. 그렇지만 류부회장이 풍산류씨라고 오해하기도 한다.

업하고 한솔저축은행 대표이사를 거쳐 풍산 부회장으로 재직하고 있다. 그는 "오늘의 류목기가 있게 된 것은 신혼 단칸방에서 함께 기거하고 등록금을 대주며 공부시켜 준 형수님 덕분"이라고 말한다.

정봉순 씨는 자녀들도 열정과 솔선수범으로 키워내 전주류씨 가문(삼가정파)에서 자녀 교육의 성공 사례로 회자될 정도다. 류 부회장의 친형은 김천 교육장을 지낸 류직기 씨로 슬하에 4형제를 두었다. 장남 영석 씨는 중앙내과 전문의로 활동중이고, 2남 광석 씨는 서울대를 나와 외무고시(7회)에 합격해 현재 싱가포르 대사로 재임하고 있다. 3남 화석 씨는 서울대를 졸업하고 미국 위스콘신 대학에서 박사학위를 받았고, 한솔텔레콤 대표이사를 지냈다. 4남은 프랑스에서 박사학위를 받았다.

정봉순 씨의 자녀 교육 방식은 다름아닌 솔선수범이었다고 한다. 정씨는 교사일로 바쁜 와중에도 항상 책을 읽었는데, 늦은 밤 자녀들이 공부를 마칠 때까지 책을 놓지 않았다. 2남인 광석 씨가 외무고시를 공부할 때는 직접 일본어 책을 번역하며 아들의 고시 공부를 뒷바라지했다고 한다. 70년대 초에는 외교사에 대한 책이 별로 없었고 일본어로 된 책이 필독서로 꼽혔는데, 일본어에 능통한 어머니가 직접 번역해 주었다는 것이다.

전주류씨 수곡파는 다른 가문에 비해 집안마다 골고루 인재가 나왔다는 점이 특징적이다. 300년도 안 되는 기간 동안 무려 150명에 이르는 학자들을 배출했고, 문집을 낸 이도 100여 명에 이른다. 이는 외가인 청계 김진의 가풍을 벤치마킹해 자녀 교육으로 가문의 기틀을 마련한 것과 무관하지 않다. 특히 류봉시의 분가는 전주류씨가 '학문의 명가'로 도약하는 일대 사건이었다고 하겠다.

'먼저 인간이 되어라'

전주류씨 집안은 '먼저 인ㅅ이 되어라'라는 생활교육의 가풍을 가지고 있다. 류목기 풍산그룹 부회장은 "옛말에 '아이들은 어른의 거울이다'라는 말이 있듯이 어른들이 솔선수범하는 것보다 더 중요한 자녀 교육은 없다"고 말한다. 즉 자신의 형수가 4형제를 키우면서 보인 어머니로서의 솔선수범 정신이 가장 중요하다는 것이다. 그는 부모가 솔선수범을 보일 수 있는 덕목 가운데 '검약은 그 윤리성을 아무리 강조해도 지나치지 않다'며 '검약독윤儉約篤倫'이라는 가훈을 소개했다. 류 부회장이 기업인으로 장수하는 비결도 어쩌면 이러한 검약독윤의 정신에서 연유한 것인지도 모른다.

　　"흔히 '먼저 사람이 되어야 한다'거나 '인간이 되어라'라는 말이 있는데, 이 말을 한문식으로 표현한 게 '인ㅅ이 되어라'라고 할 수 있습니다. 자녀들에게 '먼저 인이 되어라'라는 말을 하기 위해서는 부모들이 솔선수범할 수밖에 없을 것입니다. 그래서 우리 집안사람들은 늘 '까다롭다'는 말을 들을 정도로 원칙을 지키며 살아왔습니다. 그래서 대대로 공명을 추구하기보다 학문을 중요하

수곡리 건너편에 있는 정재 류치명의 종택 안동 전주류씨 수곡파는 수백 가구에 불과했지만 250년 정도 되는 기간에 150명에 이르는 학자를 배출했다. 이는 역사적으로 전무후무한 기록이라고 할 수 있다.

게 여겼어요. 벼슬로 보면 별로 내세울 게 없지만 문집 수로는 결코 다른 가문에 뒤지지 않습니다"라고 류부회장은 말한다.

'먼저 인간이 되어라'라는 이 집안의 좌우명에서 읽을 수 있듯이, 전주류씨 가문의 사람들은 벼슬길에 나아가는 것을 대단하게 여기지 않고 학문을 통해 이름을 알리는 데 주력했다. 퇴계 학맥의 적통을 이으며 병조참판(정2품)에 오른 정재 류치명이 이름을 떨친 대표적인 인물이다. 류치명의 제자들은 안동 지역의 의병을 대거 배출하면서 정재학파라고 불렸는데, 한말 안동 지역의 의병과 독립 운동을 주도한 김흥락, 류인식, 이상룡 등이 바로 그들이다.

'먼저 인간이 되어라'는 지식 엘리트 양산에 초점을 두고 있는 요즘에 더 필요한 덕목이라고 하겠다. '부하 직원 스트레스'라는 신조어가 있다. 기업에서 인성교육이 제대로 안 된 '철없는 신입사원'들로 조직에 금이 가는 등 고민이 많다고 한다. 선배가 신입사원에게 일을 시키면 "그걸 왜 제가 해야 하나요?"라면서 일을 거부하는 경우도 종종 있다. 회식이 있어도 선약이 있다면서 불참하는 것이 예사라고 한다. 선후배간에 얼굴을 붉히며 고성이 오가고, 급기야는 폭력까지 휘두르는 험악한 사태로 비화되기도 한다. 이는 신입사원이 회사라는 조직에 들어간 이상 조직문화에 적응해야 하는데, 그런 교육을 전혀 받지 못했기 때문이다.

신세대들은 남보다 '나' 중심으로 사고하는 경향이 강하다. 그렇다보니 회사의 경쟁력은 삐걱거릴 수밖에 없다. 이것이 직장에서 세대 차이를 낳고 직장 문제로 비화하고 있는 것이다. 이러한 직장 내 문제는 대부분 인성교육의 부재에 기인한다. 지식교육에 치중하다보니 정작 사회나 조직 생활에 필요한 덕목을 교육받거나 훈련받을 기회가 없었던 것이다. 당연히 조직의 팀워크는 저하되고 생산성도 떨어질 수밖에 없다.

요즘 기업체나 조직에서 가장 각광받는 인재는 이기적인 '지식 엘리트'가 아니라 서로 배려할 줄 아는 '인성 엘리트'라고 한다. 이러한 사실은 임원급 승진에서도 이미 드러나고 있다. 삼성그룹의 경우, 임원급 이상에 오른 인재들 중에는 지식 엘리트보다 인성 엘리트가 월등히 많다. 국내 대학 중에서는 서울대나 연세대,

고려대보다 경북대 출신 임원이 가장 많다고 한다. 그렇다고 지방대 출신이면 모두가 인성 엘리트라고 말하는 것은 아니다. 적어도 지식 엘리트라는 이유만으로 승진에서 유리한 입지를 구축하던 시절은 이미 지나갔다는 뜻이다.

아무리 지식이 많고 명문대를 나왔어도 다른 사람을 배려하지 못한다면 조직에서는 '공공의 적'이 될 수 있다. 우리나라 교육은 학교를 졸업하는 즉시 바로 활용할 수 있는 이용 가치를 지닌 '지식 엘리트'를 양산하는 데 초점을 맞추고 있다. 여기에 인성교육은 끼어들 틈이 없다. 가정에서도 돈 벌기에 바쁜 부모들은 자녀 교육에 세심하게 신경 쓸 겨를이 없다. 그래서 부모들은 늘 이런 식으로 자녀들에게 말한다. "엄마 아빠는 돈 열심히 벌 테니까 너희는 신경 쓰지 말고 공부만 열심히 해라." 그러나 세상은 공부만 열심히 한다고 해서 훌륭한 사람이 되거나 존경받는 사람이 되는 게 결코 아니다.

남을 배려하지 못하는 지식 엘리트들이 많은 사회에서 더 이상 지식 엘리트는 대우받지 못한다. 지식 엘리트보다는 오히려 인성 엘리트가 조직에서 군계일학으로 떠오르고 우대받을 수 있다. 전주류씨는 '먼저 인간이 되어라'라는 가풍을 통해 지금도 인성 엘리트를 양산해 내고 있는 대표적인 학문의 명가라고 하겠다.

미래를 도모하려거든
'둥지'를 떠나라

"선택할 줄 알라. 인생의 거의 모든 것이 선택에 달려 있다. 선택이 없이는 완전함도 없다. 풍요롭고 노련한 정신, 예리한 이성, 학식, 신중함을 지닌 사람들도 선택에 이르러 파멸하는 사람이 많다. 올바르게 선택할 줄 아는 재능이야말로 하늘에서 내려준 가장 위대한 재능 가운데 하나다."

18~19세기에 국제 금융 황제로 군림한 로스차일드가 한 말이다. 마이어 암셸 로스차일드(1744~1812)는 프랑크푸르트의 게토(유대인 집단 거주지)에서 고물상으로 시작해 사채업자를 거쳐 로스차일드은행을 설립했다. 로스차일드는 프랑크푸르트 본사는 장남에게 맡기고 빈, 런던, 나폴리, 파리 등 유럽의 주요 도시에 네 개 지점을 만들어 각기 네 명의 아들에게 일임했다. 로스차일드가는 이렇게 해서 최초로 국제 금융 황제의 자리에 올랐는데 지금도 석유, 다이아몬드, 금, 우라늄, 항공, 곡물, 홍차, 와인, 백화점, 영화, 국제 금융 등 전 분야에 걸쳐 다국적 조직을 갖고 있다.

고리대금업자인 로스차일드가 국제 금융 황제의 자리에 오를 수 있었던 비결은 무엇일까. 로스차일드는 독일 게토에서 고난에

찬 삶을 살던 유대인들과 다를 바 없는 무명의 유대인이었다. 그런 그가 세상에 우뚝 선 비결은 아들 5형제의 분가에 있었다. 5형제는 각기 유럽의 5개국에서 로스차일드의 정신을 잇는 독립된 로스차일드를 설립했다.

여기서 중요한 경영의 노하우는 이들 5개국을 잇는 이른바 '네트워크 경영'이다. 그는 5형제의 국경을 넘나드는 긴밀한 연계 활동으로 네트워크 경영을 했다. 5군데의 거점 네트워크를 통해 전체의 효율을 최대로 높이고, 사업의 위험을 분산시켰다. 요즘의 지식정보화 시대에 각광받는 거점별 네트워크 경영을 이미 250년 전에 도입했던 것이다. 무명의 고리대금업자가 국제 금융 황제로 올라선 배경에는 분가와 네트워크 경영이라는 '그들만의 리그'가 있었고, 그것을 통해 비즈니스의 시너지를 최대한 창출할 수 있었던 것이다.

조선 시대에 검증된 인물들을 수록한 책이 있다. 바로 『국조인물고』이다. 조선 시대에 조정에서 만든 인물사전인데 여기에 등재된 이가 2,065명에 달한다. 이들이야말로 조선을 대표하는 인물이라고 할 수 있다. 19세기까지의 인물을 합치면 대략 3,000명 안팎일 것이다. 류봉시는 여기에 등재된 인물이 아니다. 또한 그는 전주류씨 가문에서조차 '난사람'이 아니었다. 그는 전주류씨 가문의 주요 학자 150명의 리스트에도 오르지 못한 일개 처사에 불과했다. 하지만 그는 가문의 CEO, 가문의 기획자 역할을 훌륭하게 해내어 전주류씨 가문을 세상에 우뚝 서게 하는 단초 역할을 했다. 그것은 바로 분가에서 시작되었고 자녀 교육을 통해 완성되었다. 류봉시가 취한 첫번째 조치가 바로 분가였다. 류봉시의 분가는 창업을 준비하거나 창업의 초기 단계에 있는 이들에게 교훈을 주기에 충분한 사례라고 할 수 있다.

류봉시는 두 아들의 교육을 위해 분가를 단행한 지 10년 만에 두 아들의 성공시대를 열었다. 두 아들의 성공은 이후 퇴계 이황의 학맥을 정통으로 이은 정재 류치명을 낳게 했다. 이것이 무명의 류봉시가 큰 업적을 남긴 대학자 못지않게 비중 있게 자리매김되어야 하는 이유라고 하겠다.

안동의 전주류씨는 외가인 의성김씨 청계 김진의 가풍을 벤치마킹해 성공적으로 가문을 열어나갈 수 있었다. 새로 시작하는 가문이나 기업은 믿고 의지하고 본받을 수 있는 '큰 언덕'이 필요한 법이다. 이를 잘 활용하면 시행착오를 줄여 창업에서 성장에 이르는 기간을 단축할 수 있다. 수곡파 가문은 외가인 청계 가문을 벤치마킹해 가문의 초석으로 삼았다.

오늘날 미국을 만든 정신의 밑바탕으로 청교도 정신과 함께 '프런티어' 정신이 꼽힌다. 프런티어 정신은 새로운 미래를 건설하기 위해 정들었던 둥지를 떠나는 것에서 출발한다. 둥지를 벗어나지 않고서는 미래를 기약할 수 없다. 그래서 개척시대의 미국인들이 죽음을 무릅쓰고 서부로, 서부로 떠났던 것이다.

분가는 둥지를 떠나는 행위다. 떠남은 앞으로의 삶에 도사린 고난을 의미한다. 그러나 고난은 인간을 성숙시키고 이를 이겨냄으로써 새로운 길을 열어나갈 수 있게 한다. 영화 '정복자 펠레'를 보면 덴마크의 부잣집에서 더부살이를 하는 스웨덴 이주노동자인 늙은 아버지는 아들의 미래를 위해 더 넓은 세상으로 떠나보내기로 결정한다. 아들을 멀리 떠나보내는 마지막 장면을 보면 눈시울이 절로 붉어진다. 그렇지만 아들이 아버지의 둥지를 떠나지 않으면 아버지와 비슷한 노예의 삶을 살아갈 것이다. 그것은 꿈이 없는 죽은 삶이다. 아들은 아버지의 둥지를 떠남으로써 새로운 꿈을 키워갈 수 있고 더 나은 미래를 열어갈 수 있을 것이다. 류봉시의 분가는 성장 동력이 사그라지고 있는 오늘날의 우리 사회에 더욱 절실한 프런티어 정신을 함축하고 있다.

안동 일대의 전주류씨 수곡파 후손들은 모두 500여 가구에 불과했지만, 여기서 300여 년 기간 동안 100여 명의 학자를 배출했고 해방 후에는 40명이 넘는 대학교수를 낳았다. 이중 류승현의 후손(박실)에서 박사가 20여 명 배출되었다. 이들 가문이 학문의 명가로 우뚝 설 수 있었던 것은 어쩌면 류봉시의 분가에서 비롯된 것이라고 해도 과언이 아니다.

조선 최고의 어머니 CEO, 고성이씨 부인

'서지약봉'이라는 명문가 브랜드를 만들다

서성가에서 배우는 변화 경영의 노하우 — 서지약봉徐之藥峯

여자가 부지런한 집은 어느 집이나 집 안도 깔끔하고
아이들의 표정도 환하고 남편의 일도 잘된다.
그러나 여자가 게으른 집은 모든 것이 칙칙하고,
여자가 늦잠을 자면 집안 식구 모두가 늦잠을 자게 된다.
그러므로 한 집안의 분위기는 여자에게 책임이 있다.
물론 남자에게도 책임이 있다. 그러나 모든 환경을
만드는 데에는 여성의 정신이 더 많은 작용을 한다.
— 강현송(화진그룹 회장)

조선 최고의 어머니 CEO, 고성이씨 부인이 실천한 '단계5의 리더십'
– 과감한 변신이 필요한 이들에게 주는 5계명

- ◉ 남을 의식하지 말고 변신하라
- ◉ 필요하다면 '말'을 갈아타라
- ◉ 꿈꾸기를 할 수 있는 새 '거점'을 만들어라
- ◉ 자신만의 차별화된 이미지를 구축하라
- ◉ 소망하는 것에 집중하고 몰입하라

조선 최고의 성공신화 코드가 된 '서지약봉'

상신(영의정, 좌의정, 우의정) 8명, 대제학 6명, 당상관 28명, 정2품 이상 관리 34명, 종2품 15명. 3대 정승에 이어 3대 대제학 등 내리 6대에 걸쳐 최고위직 공무원 배출. 조선 시대 문과 합격자 105명으로 최다 배출 가문 3위…….

이른바 조선 시대 '고위 공무원 사관학교'를 방불케 할 정도의 기록이다. 그 출발점에 있는 약봉 서성(1558~1631)은 조선 시대 '행정의 달인'으로 회자된다. 약봉은 5도 감사를 지냈고 이조판서를 제외한 모든 판서직을 두루 거쳐 판중추부사에 이르렀다. 그를 더욱 영화롭게 하는 것은 직계 후손들이 이룬 '업적'이다. 한 가문에서 1명도 나기 힘든 정승이 무려 9명이나 배출되었고, 이 가운

퇴계의 수제자인 함재 서해의 서재, 소호헌 역사나 전통을 부정하면 자긍심 있는 미래를 열 수 없다. 구약성서 창세기 편에는 아들을 얻기 위해 시아버지와 간통을 하는 다말의 이야기가 나온다. 다말의 아들이 바로 예수의 먼 조상이다. 그렇지만 유대인은 성경을 부정하지 않는다. 우리나라 명문가는 흠잡을 데 없는 가통을 가졌으면서도 제대로 평가받지 못하고 있다. 대구서씨는 가문을 일으킨 소호헌(안동시 일직면 망호리)을 소중하게 보존해 오고 있다.

데 3대 내리 정승이 나왔다.

수많은 핵심 인재를 배출하자 세간에서는 '서지약봉 홍지모당 徐之藥峯 洪之慕堂'이라는 말이 회자되기 시작했다. "서씨 가운데에는 약봉(서성)이 유명하고, 홍씨 가운데에는 모당(홍이상)이 유명하다"는 의미다.

서지약봉이나 홍지모당은 조선 시대 최초로 성공한 '가문 브랜드'를 상징하는 말이 아닐까. '서지약봉'이라는 말은 핵심 인재를 배출한 가문을 표상하는 최고의 찬사라고 할 수 있다. '서지약봉'의 서성 가문에서만 문과 합격자가 105명으로, 조선 시대 문과 합격자 최다 3위 가문에 올랐다. '홍지모당'의 홍이상 가문은 89명으로, 5위로 그 뒤를 잇고 있다. 실로 대단한 위업이라고 하지 않을 수 없다. 두 가문에서 약 400년 동안 배출한 문과 합격자가 무려 194명에 이른다. 그야말로 '서지약봉 홍지모당'인 셈이다.

조선 후기 200여 년간은 '노론'의 세상이었다. 이들을 흔히 영남학파에 견주어 기호학파라고 부른다. 노론(서인이 다시 노론과 소론으로 분파되었다. 노론의 중심은 송시열이었고, 대의명분을 중시했다)은 권력의 본거지인 한양을 독점하다시피 했다. 권력에서 배제된 영남의 '남인'들은 한양의 전셋집에조차 거의 살지 못했다. 그 정도로 한양에서 공무원으로 일하는 남인들은 찾아보기 힘들었다. 영남학파는 안동을 비롯한 경상도 일대에서 200~300년 동안 절치부심하며 살아갈 수밖에 없었다.

영남 지역에서 몇 가문은 예외였다. 한 가문은 장동김씨라고 하는 안동김씨다. 후안동김씨 또는 신안동김씨라고도 한다. 안동 풍산의 소산리가 근거지인데 이들이 바로 청음 김상헌으로 대표되는 가문이다(6장 참조). 조선 후기 영남 출신 가운데 권력의 주류(노론)를 형성했던 두 가문으로 장동김씨와 함께 대구서씨가 있다.

'서지약봉'이라는 명문가 브랜드를 탄생시킨 주역답게 대구서씨는 8대를 잇달아 과거 합격자를 배출한 진기록을 갖고 있다. 조선 시대 초유의 일이었다. 약봉의 아들 4형제(경우, 경수, 경빈, 경주)는 모두 일가를 이루었다. 큰아들의 경우는 우의정에 오르고 그의 손자 문중도 영의정에 올랐다.

조선 역사상 전무후무한 '3대 정승과 3대 대제학' 기록은 막내 아들 경주(선조의 사위)의 후손에서 나왔다. 그의 후손에서만 영의정 6명과 좌의정 1명, 대제학 5명을 배출했다. 경주의 고손인 서종태가 숙종 때 영의정에 오른 것을 시작으로 그 아들 서명균이 좌의정, 또 그의 아들 서지수가 영의정을 지내면서 '3대 정승집'이라는 칭호를 받게 된다. 3대 대제학은 서지수의 아들인 서유신에서 시작해 서영보-기순 부자가 그 주인공이다. 정조 13년 식년시에 모두 71명이 합격했는데, 서영보(1759~1816)는 다산 정약용과 과거 합격 동기생이다. 서영보가 장원이었고 다산이 2등이었다. 서영보는 당시 다산의 문장 실력을 능가했다는 평가를 받았다고 한다. 약봉의 14대 종손인 서기원 씨는 "수많은 후손들이 벼슬을 했지

소호헌에 모인 약봉의 후손들 가문의 DNA는 결코 속일 수 없는 것 같다. 대구서씨 출신 가운데 현역 정치인으로는 한나라당 대표를 지낸 서청원 씨가 단연 돋보인다. 그는 3대에 걸쳐 대제학을 지낸 서영보의 후손이다.

만 약봉 후손 가운데 친일파는 없으며 서재필도 약봉의 후손"이라고 말한다.

벼슬길에 나아가 성공하기를 바라며 청운을 꿈꾸던 후손들은 서지약봉이라는 말에 흠결이 가지 않도록 더욱 분발해 노력했을 것이다. 이는 명품 브랜드의 확대 재생산에 비유할 수 있다.

대구서씨 가문에서 '권력의 영광'은 지금도 이어지고 있다. 한나라당 대표를 지낸 서청원은 서영보의 후손이다. 서영보는 3형제를 두었는데 둘째가 대제학을 지낸 서기순, 셋째가 서사순이다. 서사순의 고손이 서청원의 부친(서원석)이다.

이렇게 보면 대구서씨 가문이 지난 400년 동안 권력의 정상 혹은 정상 가까운 곳에서 권력을 향유할 수 있었던 것은 바로 '권력 유전자'가 다른 어떤 가문에서보다 더 맹렬하게 우성인자로 진화해 왔기 때문일 것이다. 현재의 우리 모습은 먼 조상들로부터 얼굴뿐만 아니라 성정性情까지도 물려받은 것이기 때문이다.

어머니 CEO의 선택, "말을 갈아타라"

그렇다면 대구서씨 약봉 가문이 대대로 권력을 향유할 수 있었던 배경에는 무엇이 있었던 것일까. 바로 450여 년 전 한 어머니의 헌신적인 노력과 '결단의 리더십'이다. 집안을 일으켜 조선 최고의 인재 산실로 만든 이가 약봉의 어머니인 고성이씨 부인이다. 이씨 부인은 안동 최고의 명가 브랜드 '임청각'의 딸이다. 그녀는 임청각의 종손인 이명의 다섯째 아들로 청풍 군수를 지낸 무금정無禁亭 이고李股의 무남독녀로 태어났다.

약봉 서성을 낳은 대구서씨가 안동 소호리 일대에 정착하게 된 것은 서성의 아버지 함재 서해(1537~1559) 때다. 그는 한양에 살다가 안동 임청각의 고성이씨를 부인으로 맞이하면서 처가가 있는 곳에 정착했다. 서해는 퇴계의 수제자로 학식과 덕행이 빼어나 안동 향교의 장으로 추대되었지만 요절했다. 서해와 함께 퇴계 밑에서 공부한 이들로 서애 류성룡, 학봉 김성일, 한강 정구 등이 있다. 퇴계가 "나의 후계자는 서해가 될 것이다"라고 말할 정도로 서해는 학문이 뛰어났다. 고성이씨 이고가 퇴계 문하에 인재가 많은

약봉 서성이 태어난 집 약봉 서성이 태어난 태실과 집의 전경이 아직도 잘 보존돼 있다. 소호헌은 가옥으로는 드물게 보물(475호)로 지정된 문화재다. 대구서씨에게는 '모태'에 해당하는 집이다.

것을 알고 사윗감을 추천해 줄 것을 부탁하자 퇴계는 서슴없이 서해를 꼽았다고 한다.

이씨 부인은 장님이었다. 5세 때 부자탕으로 얼굴을 씻다가 약물이 두 눈에 들어가 시력을 잃었다. 이는 자칫 파혼의 이유가 될 만한 중대한 흠이었다. 신랑은 신부가 장님인 줄도 모르고 혼례를 앞두고 안동의 신부 집으로 가는 길이었다. 뒤늦게 이 사실을 알게 된 신랑 일행은 "즉시 파혼하고 돌아가자"며 흥분했다. 결정을 내려야 할 사람은 신랑인 서해였다. 그는 단호한 한마디로 결혼을 강행하겠다는 의사를 밝혔다.

장님과 혼인할 수 없으니 돌아가자고 하는 것은 당연한 일입니다. 하지만 이곳까지 왔다가 혼례를 하지 않고 돌아간다면 반드시 세상 사람이 어떠한 연유로 그렇게 되었는지 의심하게 될 것입니다. 더욱이 그 연유가 소문이 나면 그 규수는 영원히 다른 문중과도 혼인을 할 수 없고 규수의 몸으로 헛되이 세상을 마치게 됩니다. 그 규수도 조실부모하고 불쌍히 자란 몸이고 더군다나 앞까지 보지 못하니 어느 누가 그 병신과 혼인하려고 하겠습니까. 그러고 보면 그 규수는 저로 인하여 평생 동안 원망을 하게 될 것입니다.

대구서씨 가문에서 펴낸 고성이씨 부인의 『사적事蹟』이란 책에는 이러한 내용이 적혀 있다. 하지만 이들 부부의 신혼의 단꿈은 오래가지 못했다. 남편 서해가 결혼 5년 만인 23세 때 요절하고 만 것이다. 당시 그의 아들 약봉은 세 살이었다.

약봉의 어머니 이씨 부인은 홀몸으로 아들을 데리고 한양으로 이사를 단행하면서 자녀 교육에 앞장서 조선 시대 '어머니 3걸'로 회자되는 여성이다.

이씨 부인은 남편의 삼년상을 치른 후 일대 결단을 내리게 된다. 이씨 부인은 친정 부모도 시부모도 일찍 여의어서 사고무친이었다. 다행히 서울에 사는 약봉의 중씨(작은아버지)인 춘헌 서엄이 집안의 어른 역할을 하고 있었다. 이씨 부인은 '아비 없는 아이'를 제대로 키우려면 중씨가 사는 한양으로 가야겠다고 결심했다. 더욱이 당시에는 잇단 정치적 격변으로 인해 벼슬아치들이 은둔하는 분위기였다. 만약 이씨 부인이 안동에 그대로 머물렀다면 약봉은 시골의 처사로 지냈을 가능성이 크다.

안동을 떠난 이씨 부인은 처음에는 청주에서 몇 달을 머물렀다. 그러다 다시 한양으로 이사 갈 것을 결심했다. 자식 교육을 위해서는 당장 한양으로 가야 한다는 결론을 내렸던 것이다. 서울로 올라온 이씨 부인은 약현藥峴(지금의 중림동 약현성당 자리)에 집을 지었다. 현재 약현성당의 규모는 5천 평 정도라고 한다. 고성이씨 부인은 당시 5천 평의 대지에 집을 지었다.

서울로 올라온 이씨 부인이 만들어 판 약식과 약과, 약주는 장안의 명물이 되었다. 지금의 약주藥酒와 약식藥食, 약과藥果의 명칭

고성이씨 부인의 서울 집터 고성이씨 부인은 서울로 이사를 와서 약현동(현재의 중림동 약현성당 자리)에 집을 지었다. 대구서씨에겐 안동 소호헌에 이어 제2의 집이었던 셈이다.

은 이씨 부인으로부터 유래했다고 한다. 특히 이씨 부인은 약봉을 당시 대학자인 율곡 이이, 구봉 송익필(율곡 이이의 문인으로 서출이어서 벼슬에는 나가지 못했지만 학문이 높았다)의 문하생으로 들여보내 약봉의 정치적 기반을 마련해 주었다. 약봉은 후일 당대의 대학자로 명성을 얻은 서계 김장생 등과 함께 공부했다.

약봉이 이율곡 문하에서 공부한 것은 서씨 가문에 중대한 전환점이라고 할 수 있다. 안동에 살았던 약봉의 아버지 서해는 퇴계 이황의 문하생이었고, 서울에 살게 된 그의 아들 약봉은 율곡 이이의 문하생이 되었다. 이는 일대 사건이 아닐 수 없다. 흔히 하는 말로 비유하자면 '말을 갈아탄' 것이다. 다시 말해 은둔형에서 참여형으로 바뀐 것이다. 임청각이 은둔형 명가의 상징적인 코드라면, 서지약봉은 참여형 명가를 상징하는 코드다. 퇴계 이황의 문하생은 조선 후기 이후 권력에서 배제된 남인들이어서 강요된 은둔의 길을 가야 했다. 만약 약봉 서성도 어머니가 한양으로 이사를 하지 않아 퇴계의 문하생이 되었다면 청운의 길이 아닌 백운의 길을 걸었을 게 분명하다.

약봉은 어머니의 바람대로 29세 때 문과에 급제해 공무원의 길로 들어섰다. 그 후 약봉은 '행정의 달인'이란 별칭을 들을 정도로 5도 감사와 5도 판서를 지내는 등 당대의 핵심 인재로 우뚝 섰다. 약봉은 "아이들을 잘 가르치고 부지런히 글을 읽고 선善을 행하게 하라"면서 자녀들에게 '물태위선勿怠爲善'을 가훈으로 삼게 했다. '착한 일을 하는 데 게으름 피우지 말라'는 뜻이다. 그리고

약봉 서성의 묘 서성은 행정의 달인으로 '서지약봉'의 신화를 만들었다. 그의 묘는 포천의 종
가 바로 옆에 있다. 묘소를 둘러싼 곡장(曲墻)은 바로 살아 있을 때의 권력을 상징한다.

그 후손들에게서 3대 정승과 3대 대제학이 배출되었다. 3대 정승
은 조선 역사상 처음 있는 일이었다.

약봉 어머니 서씨가 결단력 있게 서울로 이사하고 이어 아들을
율곡의 문하생으로 만든 것은 그야말로 획기적인 사건이라고 하
겠다. 이씨 부인의 결단력은 '어머니 사관학교'라고 할 수 있는 친
정 가문(임청각)에서 배운 가정교육, 가문 경영의 영향이 컸을 것이
다. 은둔형 명가의 전통을 이어오던 임청각에서 출가한 여성의 활
약이 단연 돋보이는 대목이다.
'서지약봉'이라는 명가의 토대를 만든 서성의 어머니를 비롯
해, 서애 류성룡의 형이자 대학자인 류운룡의 부인 역시 고성이씨

이용(이명의 손자)의 딸이다. 고종 때 영남인으로 270여 년 만에 재상에 오른 류후조(서애 류성룡의 3남 류진의 7대 종손)의 외가도 다름아닌 임청각이다. 세종 때의 학자로 서거정의 스승인 유방선의 부인은 좌의정을 지낸 이원의 딸이다. 임진왜란 때 진주성전투에서 순국한 제봉 고경명의 장남인 고종후의 부인도 이명(이증의 셋째 아들)의 증손자 이복원의 큰딸이다. 임청각의 안주인은 안동권씨, 의성김씨, 김해허씨, 파평윤씨 등 명문가에서 왔다. 당대 최고의 명가끼리 혼맥을 형성해 온 것이다.

'서지약봉'의 신화를 이룬 '오이코스'의 구축

'오이코스oikos'는 그리스어로 공적 영역으로서의 '폴리스Polis'에 대비되는 사적 생활 단위로서의 '집'을 의미한다. 영어의 '이코노미economy'는 집을 나타내는 '오이코스oikos'와 관리를 뜻하는 '노미아nomia'를 합친 '오이코노미아oikonomia'에서 나온 말로, '집안 살림을 관리한다'는 뜻이다.

공적 단위의 폴리스가 국가 경영이라면 사적 단위인 오이코스는 가문 경영이라고 할 수 있다. 폴리스가 시민 모두가 국가 공동체적 일원으로서 정치적·사회적 기본 조직으로 완성된 형태라면, 오이코스는 공적인 영역인 폴리스의 일원을 구성하는 가족 공동체를 의미한다. 즉 오이코스는 단순히 '거주'라는, 집의 기능적 측면만을 말하는 것이 아니다. 집은 거주의 기능에서 더 나아가 국가 공동체의 일원을 이루는 가족 공동체의 핵심 역할을 수행하는 일종의 거점 공간으로 작용한다.

신분제 사회에서 가족 공동체는 하나의 자급자족적 경제 단위였다. 예컨대 경주 최부잣집은 그 자체로서 하나의 자급자족하는 경제공동체를 이루었다고 한다. 공적 영역의 폴리스처럼 사적 영역에서도 자급자족하는 오이코스를 구축했던 것이다. 경주 최부잣집의 종손인 최염 씨는 "토지와 노비(노동력)를 소유했을 뿐만 아니라 가족들이 소비하는 물품을 생산하는 가내공업 형태의 공장을 운영했다"고 전했다. 그는 대표적인 생산품으로 종이와 안경, 미역을 꼽았다.

가부장적 질서가 유지되던 시대에 가문 경영의 관건은 부와 권력을 소유하고 대대로 확대 재생산하는 것이었다. 그 시작은 집을 짓는 데서부터 비롯되었다. 전통적인 '가문 중심' 사회에서는 사적 단위인 '오이코스'의 구축을 모든 것의 출발점으로 삼았다. 지금도 유럽에는 중세 봉건 시대의 영주들이 살던 성城들이 잘 보존되어 있다. 우리나라에서는 성의 개념은 아니지만 풍수적으로 명당이라는 곳에 대저택을 짓고 살았다.

서울로 온 이씨 부인은 선조들이 새로이 은둔형 가풍을 만들 때 임청각을 지은 것처럼 거점 확보에 나섰다. 이씨 부인이 서울에 와서 제일 먼저 한 것이 오이코스, 즉 집을 짓는 일이었다. 새로운 시작은 집을 짓는 데서 이루어진다는 것을 친정에서 이미 몸소

체험했기 때문이다. 고성이씨 부인은 약현(지금의 중림동)에 터를 잡고 일반 사가私家의 규모를 뛰어넘는 무려 28칸짜리 집을 지었다. 가족이라고 해봐야 아들인 약봉과 이씨 부인 단둘이었지만 주위에서 봐도 큰 규모로 집을 지었던 것이다. 그래서 주위 사람과 친지 들이 "식구도 적은 사갓집이 대청 열두 칸이면 모두 28칸이나 되는데 너무 굉장한 규모이니 줄여서 짓는 게 어떠냐"고 묻자, 약봉 어머니는 단호하게 말했다. "이 집이 지금은 사가로서는 너무 크다고 하시겠으나 몇십 년 가지 아니하여 이 집이 클 것이 없고 이후에 이 미망인이 죽은 후 삼년상에는 이 대청이 좁을 형편이고 만약 손자 대를 내려가면 미망인의 제삿날은 오히려 이 대청이 부족하여 다시 마루 앞으로 딴 마루를 늘려야 될 것입니다."

이씨 부인의 예측대로 그 후손들은 정승이 8명에 판서가 34명에 이르는 등 단일 가문으로서는 조선 최고의 인재사관학교가 되었다. 그것은 바로 새로운 터전에 집을 짓는 데서 시작되었다.

고성이씨 부인이 큰 집을 짓게 된 것은 친정인 임청각의 영향이 컸다고 할 수 있다. 고성이씨의 터전을 안동에 처음으로 마련한 사람이 이씨 부인의 할아버지(이증)이고 임청각을 지은 이가 큰아버지인 이명(이증의 셋째)이다. 이명과 그 형제들, 그 아들들이 임청각과 강학講學의 장소인 귀래정과 반구정을 지으면서 500년 명가의 터전을 만들었던 것이다. 고성이씨는 '청운'의 꿈 대신 벼슬을 버리고 '백운'의 유토피아를 찾아 안동에 내려와 은둔을 위한 집을 지었다. 그러나 대구서씨 가문으로 시집온 고성이씨 부인은

▲세번째 지은 포천의 서성 종가 종가 바로 위에 고성이씨 부인의 묘소가 있다.

▶대구서씨는 1900년대 초 서울 약현동에서 포천으로 이사를 갔다. 포천은 대구서씨를 일으켜 세운 고성이씨 부인의 묘가 있는 곳으로 묘지 바로 아래에 집을 지었다. 대구서씨로서는 세번째 집에 해당한다.

친정과 달리 후손들이 청운의 길을 가게 하기 위해 서울로 이사를 단행하며 새로운 집을 지었던 것이다.

이씨 부인의 아버지(이고로 이증의 다섯째 아들)는 무남독녀인 딸을 약봉의 아버지(서해)에게 시집보내면서 팔작지붕의 기와집과 사랑채(안동면 일직면 소호리)를 지어주었다. 자신이 못다 이룬 가문의 번영을 사위가 이루어주기를 기원했을 것이다. 약봉이 태어난 소호헌은 3대 정승과 3대 대제학으로 대표되는 명문가의 발상지로 통한다. 임청각과 닮게 지은 소호헌은 현재 보물

제475호로 지정되어 있다.

약봉 가문은 크게 보면 500년 동안 세 번에 걸쳐 집을 지었다고 볼 수 있다. 먼저 안동의 소호리에 처음 집을 짓고, 이어 서울 약현에 두번째 집을 지었다. 세번째 집은 100여 년 전 서울에서 포천 설운리로 옮겨 지었다. 어쩌면 500년을 이어온 가문의 역사는 세 번의 집 짓기에 축약적으로 담겨 있다고 할 수 있다.

열심히 일하면 집을 세 채 정도 짓고 간다

'사람이 세상에 태어나 열심히 일하면 집을 세 채 정도 짓고 간다.'

남명 조식(1501~1572)은 고향인 합천과 처가인 김해, 그리고 지리산이 올려다보이는 산청으로 거처를 옮기면서 평생 벼슬 없이 후학 양성에 주력했다. 18년 동안 살았던 김해에는 산해정이 있고 말년을 보낸 산청에는 그가 강학의 공간으로 삼았던 산천재가 있다. 남명은 퇴계와 함께 영남을 대표하는 성리학의 양대 산맥으로, 퇴계는 경상 좌도, 남명은 경상 우도를 대표하는 인물이었다. 남명과 퇴계는 같은 해에 태어났고, 퇴계가 죽은 이듬해에 남명도 숨을 거두었다.

대부분의 명문가들은 하나의 '거점'을 만들고 여기서 수많은 인재를 배출했다. 때로는 처가나 외가가 있는 곳을 택하기도 했다. 청음 김상헌도 가문을 일으킨 주역답게 대대로 인재 산실이 될 수 있도록 새로운 '거점'을 만들었다. 청음은 그 거점을 서울

장동에서 남양주 석실(현 덕소 인근)로 택했다. 그곳은 한미한 그의 가문이 새출발을 하기에 안성맞춤이었을 것이다. 그곳은 증조부인 김번의 처가가 있던 곳으로, 당시 남양홍씨 홍심 가문의 거점이었다. 청음은 그곳을 새로운 구심점으로 삼아 인재 양성의 산실로 만들었던 것이다. 김상헌은 피를 부르는 정쟁의 와중에서 석실로 물러났다가 다시 나아가기를 반복했다. 벼슬을 하며 살았던 장동이 현실적인 공간이었다면 석실은 피안의 공간이었던 셈이다. 마치 여주이씨인 이언적 가문이 외가인 월성손씨의 거점인 경주 양동마을을 새로운 거점으로 삼은 것처럼 말이다.

당대를 살아가는 모든 이들의 꿈 가운데 하나가 바로 삶의 여유로움을 만끽할 수 있는 새로운 집을 짓는 것일 게다. 직장인들도 '저 푸른 초원 위에' 새로운 집을 짓고 살기를 원한다. 그것이 유교 문화권의 전통인 귀전은거歸田隱居일 것이다. 하지만 이전의 명문가는 단지 은거의 공간만이 아니라 성찰하고 다시 도약하는 공간, 인재 산실 혹은 인재 재교육의 공간으로 거점을 이용하기도 했다. 특히 약봉의 어머니가 지은 집은 그야말로 결단과 도전, 인생의 참의미를 일깨워주는 집이었다. 단순히 재테크를 위한 집이 아니라, 인생의 의미를 되새길 수 있는 집 짓기에 도전해 보자.

결정적인 순간에는
극단적으로 변화하라

하버드대 경영대학원에서 발행하는 저널인 『하버드 비즈니스 리
뷰』지는 1등 기업의 성공 비결을 4가지로 요약하고 있다. 첫번째,
뛰어난 기업은 새 가능성을 찾아 나서기 전에 이미 가진 자원부터
활용한다. 즉 혁신보다는 혁신 이전의 결과물을 최대한 활용한다
는 것이다. 두번째, 뛰어난 기업은 제품, 고객층, 시장 등을 다양화
하며 변화하는 환경에 적응한다. 적절한 타이밍에 맞춰 문어발식
확장도 시도한다. 여기서 흥미로운 대목은 문어발식 확장이 위기
관리의 포트폴리오 역할을 해준다고 긍정적으로 평가한 점이다.

알리안츠는 1890년 설립될 때부터 사업 확장을 전략으로 내걸
었다. 초창기에 경쟁사들이 화재 보험에 주력할 때 남들이 잘 하
지 않는 운송 보험을 시도해 돈을 번 알리안츠는 10년 만에 손해,
산업 보험 등으로 영역을 넓혔다. 이후 자동차, 생명 보험에도 진
출해 창립 30년 만에 독일 최대 보험회사로 거듭났다. 세번째, 같
은 실수를 반복하지 않는다. 뛰어난 기업은 과거의 실수를 반복하
지 않기 위해 실수를 끊임없이 되새김질한다. 네번째, 결정적인
순간에만 극단적인 변화를 시도한다. 즉 변화에는 보수적으로 접

근한다. 1등 기업들은 조급해하지 않고 여유를 갖고 지속적인 변화를 시도하는 게 특징이라고 한다.

이는 오스트리아 인스부르크 대학의 크리스티안 슈타들러 교수가 유럽에서 가장 오래되고 권위 있는 기업들 가운데 산업별로 지난 50년간 뛰어난 실적을 기록하고 있는 '금메달 리스트' 기업을 분석한 것이다(『하버드 비즈니스 리뷰』, 2007년 7, 8월호).

이러한 4가지 덕목은 장수한 일류 기업의 경영뿐만 아니라 500년 명문가들의 가문 경영에서도 공통적으로 엿볼 수 있다. 특히 '변화에는 보수적으로 접근하되 결정적 순간에는 극단적 변화를 추구한다'는 부분은 보수적인 접근과 상충한다고 볼 때 가장 흥미로운 대목이 아닐 수 없다.

앞서 살펴본 백사 이항복과 그의 후손인 우당 이회영의 경우가 바로 '결정적인 순간에 극단적인 변화를 추구'한 대표적인 사례라고 하겠다. 달리 말하면 백사나 우당의 가문 경영이야말로 1등 기업의 성공 비결로 읽을 수 있다는 것이다. 명문가들은 수많은 역할 모델을 통해 보수적인 변화로 위기관리를 했다. 그렇지만 국가적인 위기, 결정적인 순간에는 극단적 변화를 통해 노블레스 오블리주의 정신을 실천하는 데 앞장섰다. 그것이 바로 자긍심을 대물림하는 원천이기 때문이다.

백사는 좌의정에서 쫓겨난 신세였지만 '인목대비 폐비'라는 사건이 발생하자 그 일을 막기 위해 온몸을 던졌고 유배지에서 쓸쓸하게 죽었다. 우당 이회영 형제와 석주 이상룡은 일제가 국권을 침탈하자 50여 명의 일가를 이끌고 엄동설한에 만주로 망명을 떠나 전 재산을 쏟아 부으며 독립운동에 매진했다. 결국 이들은 대부분 살아 돌아오지 못했다. 3대에 걸쳐 9명의 독립운동가를 낸 석주 이상룡 가문 또한 은둔형 명가로 400년을 이어오다 국난의 시기에 극단적 변화를 통해 국가적 자긍심을 드높였다.

'서지약봉'의 성공신화를 이룬 고성이씨 부인은 결정적 순간에 극단적인 변화를 통해 가문 경영을 주도한 어머니 CEO라고 할 수 있다. 당시 이씨 부인은 맹인인 데다 어린 아들을 남겨둔 채 남편마저 요절해 20대에 청상이 되어 그야말로 앞날이 캄캄한 절망적인 상황이었다. 남편(서해)은 퇴계의 수제자로 장래가 촉망되는 선비였지만 처자식을 남겨두고 무정하게도 세상을 떠났다. 그러자 이씨 부인은 위기 타개를 위해 '한양 이주'라는 극단적인 변화를 선택한다. 한 편의 드라마와도 같은 선택이다. 그것은 남편도 없고 앞도 보지 못하는 20대 맹인 여성이 쉽게 선택할 수 있는 길이 결코 아니었다. 더욱이 그녀는 아들의 스승을 바꾸는 결단을 내렸다. 그리고 이것이 바로 '서지약봉'의 성공신화를 만들어내는 단초가 되었다.

임청각의 은둔형 가풍에서 자란 고성이씨 부인은 남편과 사별했지만 새로운 서씨 가문을 만들기 위해 단계적으로 3가지 일에 착수했다. 먼저 안동에서 서울로 이사를 단행했다. 다음으로 성공신화를 이룰 새로운 거점, 즉 '청운의 오이코스'를 짓는 일에 착수했다. 서울 약현에 지은 새로운 집을 친정인 임청각처럼 은둔을 추구하는 '백운의 오이코스'가 아니라 청운을 추구하는 오이코스로 삼고자 했다. 다음으로 퇴계 학맥과 결별하고 율곡 학맥으로 '말'을 갈아탔다.

이씨 부인의 극단적 선택은 대구서씨 가문이 새 출발을 하게 되는 일대 사건이었다. 조선 시대에는 누구를 스승으로 모시느냐에 따라 그 사람의 미래가 결정되었다. 한 사람의 정치적 노선은 그 자신의 의지보다 스승에 의해 결정되곤 했다. 율곡 이이가 스승이면 기호학파에, 퇴계 이황이 스승이면 영남학파에 속하게 되었던 것이다. 이에서 벗어나면 스승을 배반한 제자로 낙인찍혔다.

이씨 부인의 남편인 서해는 안동에서 퇴계 이황의 문하생이었고 수제자로 인정받을 정도로 학문에 뛰어났지만 불행하게도 요절했다. 이씨 부인은 남편이 못다 이룬 꿈을 아들에게 걸었다. 아들의 입신양명을 위해 서울에 온 이씨 부인은 먼저 아들에게 새로운 스승을 만들어주어야 했다. 그 스승이 바로 율곡 이이와 송익필이었다. 이는 큰 스승 퇴계가 살아 있던 당시 안동 출신 인재로서는 파격적인 선택이었다. 서성이 율곡의 문하에 들어감으로써 이후 300년 넘게 그 후손들은 율곡의 기호학파(서인과 노론 계열)에 속하게 된다.

이씨 부인의 극단적 선택으로 서씨 가문은 이후 '서지약봉', '조선 최고의 인재 양성소'라는 가문의 브랜드를 만들어냈다. 서성은 어머니에게 보답이라도 하듯 29세인 1586년에 문과에 급제해 벼슬길에 올라 그때부터 대구서씨 가문의 전성시대를 열었다.

서지약봉이 벼슬을 추구하는 '청운의 명가'를 표상한다면, 이씨 부인의 친정인 임청각은 벼슬에 집착하지 않는 '백운의 명가'를 표상한다고 볼 수 있다.

안동시 법흥동에 있는 고성이씨 부인의 친정인 임청각은 '은둔형 오이코스'를 상징한다. 조선 시대에 벼슬아치들은 이런저런 사정으로 관직에서 물러나면 고향에서 은거하는 전통이 있었다. 그중에서도 임청각의 고성이씨 후손들은 정치와 단절하고 새로운 가풍을 만든 대표적 가문으로 꼽힌다. 안동에 터를 잡은 이증의 부친 이원은 좌의정을 지냈는데, 수양대군이 쿠데타로 집권하자 벼슬을 버리고 낙향했다. 그의 아들 이증은 고향을 떠나 안동에 새로운 터전을 잡았다. 이어 무려 3대에 걸쳐 이증, 이굉, 이용이 벼슬을 사직하고 귀거래사를 실행했다. 주목할 점은 그로부터 500년 동안 후손들 중 대부분이 중앙 정계에 발을 들여놓지 않았다는 것이다. 직계 후손 중에서 과거에 합격한 이가 단 한 명에 불과했다.

임청각 사람들은 관직에는 나아가지 않았지만, 임청각은 지역민들에게 더욱 존경받는 '백운의 명가'로 회자되었다. 조선 시대를 통틀어 임청각의 후손들처럼 벼슬길에 나아가지 않고 명가를 재생산한 경우는 거의 찾아볼 수 없다. 그럴수록 '가격家格'은 올라갔고, 내로라하는 명문가들과 사돈관계를 맺었다. 뿐만 아니라 국난기에는 누구보다 먼저 나아가 목숨을 바쳤다. 석주 이상룡 등 3대에 걸쳐 9명의 독립유공자를 배출했던 것이다.

450여 년 전 이씨 부인이 보여준 결단의 리더십은 오늘날 가문 경영에서뿐만 아니라 새로운 도약을 꿈꾸는 기업가들이 벤치마킹해야 할 덕목이다. 안동 명문가의 후손인 이씨 부인은 임청각의 '은둔'이 아니라 새 세상을 열기 위한 '참여'를 택함으로써 대구 서씨가 조선의 인재 산실이 되는 데 모태 역할을 했다. 그 결과 '홍지모당'과 더불어 '서지약봉'이라는 조선 시대 최고의 문벌 키워드를 사회에 유통시킴으로써, 대구서씨는 17세기부터 조선 최고 명문가의 브랜드로 우뚝 설 수 있었다. '은둔의 땅' 안동을 떠나 서울에 새로운 오이코스를 구축한 고성이씨 부인의 리더십이 없었다면, '서지약봉'이 회자될 정도로 핵심 인재를 배출한 대구서씨 가문의 영광도 존재할 수 없었을 것이다.

창조적 파괴의 원조, 서계 박세당

시장 상황
외면하는 주류들과
맞서다

박세당가에서 배우는 혁신 경영 – 사문난적斯文亂賊

초기에 지속적으로 거부당하는 고통을 견뎌낸 사람만이
세상을 바꿀 수 있다.
－톰 피터스

창조적 파괴의 원조, 서계 박세당이 실천한 '단계5의 리더십'
– 시련에 맞서는 이들에게 주는 5계명

- ◉ 거부당하는 고통의 기간을 견뎌라
- ◉ 유혹을 이겨내는 기술을 터득하라
- ◉ 자신만의 '전공 분야'를 확보하라
- ◉ '마이 웨이'를 가려면 40대에 결행하라
- ◉ 흠모하는 멘토를 구하라

창조적 파괴의
원조,
서계 박세당

고난의 시기야말로 창조의 원동력

'사문난적이야말로 창조적 파괴의 원조다.'

이런 말을 하면 고개를 갸우뚱할 것이다. 사문난적斯文亂賊은 조선 시대 선비들에게 사형선고나 다름없는 말이었다. 선비에게 있어 최악의 '주홍 글씨'였다. 한번 낙인이 찍히면 따돌림을 피할 수 없었다. 사문난적은 주류가 비주류에게 가하는 최고의 형벌이었다. 기득권적인 주류의 시대정신을 전복하는 의지를 품고 있었기에 주류들은 벌떼처럼 일어나 응징하려 들었다. 국민의 고통을 해결하고자 실용주의를 내걸었지만, 사대적 명분론에 얽매인 주류들은 자신만의 안위에 젖어 이를 거들떠보려 하지 않았다.

윤휴, 박세당, 허균 등이 사문난적으로 몰렸다. 많은 시간이 흐른 오늘날 사문난적으로 몰렸던 이들은 허균을 제외하고 모두 '복권'되었다. 나아가 그들의 사상은 새로운 시대정신을 담은 것으로 재조명되고 있다. 사문난적이야말로 기존의 패러다임을 뒤집어엎는 '파괴적 창조자'들이었던 셈이다.

그러나 파괴적 창조자들의 삶은 불우했다. 아니, 그들은 불우한 삶을 의도적으로 선택했다. 보장된 벼슬자리에 순응하면서 한평생 호가호위狐假虎威할 수도 있었지만, 사문난적으로 내몰린 이들은 그 길을 마다하고 의도적으로 시대와의 불화를 선택했다. 죽음의 길이었지만 결코 주저하지 않았다. 시간이 흐른 후에 그들은 죽음을 넘어 되살아났다. 결국 이들이 당한 고통과 고난은 파괴적 창조에 더 큰 열정을 쏟아 붓는 촉매로 작용했던 것이다.

때로는 위기를 관리하는 방식에서 한 인간의 철학을 엿볼 수 있다고 말한다면 지나친 비약일까. 더욱이 고난의 시기에 창조적인 작품을 남기는 이들도 있다. 고난의 시기야말로 때로는 창조의 원동력이 된다. 창조는 고난이라는 링거액을 주사해야만 탄생하는 것이다.

반남박씨 가문을 대표하는 서계 박세당(1629~1703)은 32세의 다소 늦은 나이에 문과에 장원급제해 화려하게 관직 생활을 시작했다. 최우수 장원 합격자로서 정6품인 성균관 전적에 임명되어 관직 생활의 첫걸음을 내딛었다. 36세에는 누구나 선망하는 옥당(홍문관 교리)에 올라 관료로서는 엘리트 코스를 밟았다.

서계는 숱한 상소와 주청(임금에게 아뢰어 청하던 일)을 올려 직언 잘하는 '감언지사敢言之士'라는 평을 얻었다. 당시 현종은 온천욕을

서계의 사랑채에서 바라본 도봉산의 자태 호연지기는 과거의 선비들뿐만 아니라 요즘의 기업 경영자에게도 필수 덕목이다. 선비들은 즐겨 산을 찾았다. 퇴계 이황은 청량산을 나의 산이라고 부를 정도였다. 지금의 경영인들이나 직장인들도 산을 즐겨 찾는다. 산을 내려오다 음주에 취하지 말고 옛 선인들의 호연지기에 취해보면 어떨까.

박세당 고택 전경 서울과 경계인 의정부시 장안동 수락산 입구에 있다. 앞에는 도봉산의 경관이 한눈에 들어온다.

좋아해 수시로 의장을 차리고 온천욕을 떠났다. 막대한 경비가 소요됐을 뿐만 아니라 민심도 흉흉했다. 이에 서계는 현종에게 국왕과 대신의 직무 태만과 왕실의 재물 낭비를 거론하며 국정 쇄신을 요구했다. 서계의 진면목은 감언敢言과 직언에 있었지만 이로 인해 벼슬에서 멀어졌다. 직언을 일삼는 신하는 국왕의 입장에서 그 충정을 이해하더라도 성가신 존재가 아닐 수 없었다. 조정 대신들도 마찬가지였다.

서계는 8년간의 관직 생활을 스스로 접고 1668년 40세에 수락산 자락인 석천(의정부 장암동)에 은거하며 학문과 저술 활동에 전념

서계의 아들 박태보를 기리는 노강서원 박태보의 충절을 기려 그가 유배를 가다 숨진 노량진에 세워졌으며, 1968년 장암동으로 옮겨 복원했다. 노강서원은 진돗개 한 마리가 외롭게 지키고 있었다.

했다. 그러나 조정은 그를 가만히 내버려두지 않았다. 대사간과 대사헌 등의 고위 관직을 수없이 내렸다. 72세에는 이조판서직이 내려졌지만 그는 조정에 나아가지 않았다. 권력과의 불화 때문이었다. 12대 종손인 박용우 씨(서계문화재단 이사장)는 "아들을 죽음으로 몰고 간 권력과 반대 세력이 있는 조정에서 어떻게 일할 마음이 났겠느냐"고 설명했다.

서계의 두 아들 역시 직언을 굽히지 않아 처참하게 생을 마쳤다. 서계는 장원급제와 관직, 은거, 관직 회유와 거부, 저술, 유배의 굴곡진 삶을 살며 시대와의 불화를 겪었는데, 자녀들의 인생 역시 아버지와 닮아 있었다. 그의 두 아들인 태유와 태보는 당대의 인재였다. 두 아들 모두 과거에 합격했고, 차남 태보는 아버지에 이어 장원급제를 했다. 두 형제 모두 강직한 성품도 부친과 닮았다. 결국 직언을 하던 태유는 모함을 받아 역모죄를 뒤집어썼고 그 후유증으로 요절했다. 동생 태보는 태유가 죽고 3년 뒤인 1689년에 인현왕후의 폐위를 반대하다 숙종에 의해 모진 고문을 받고 진도로 유배 가던 길에 옥독獄毒으로 노량진에서 36세의 나이로 숨졌다. 아들 태보가 혹독한 고문을 당하고 유배 길에 올랐을 때, 아버지 서계는 "너는 다시 살아날 가망이 없으니 조용히 죽어서 마지막을 빛나게 하라"고 했고, 아들 태보는 "어찌 아버지의 가르침을 좇지 않으오리까"라고 답했다고 한다. 그렇게 말한 뒤 서계는 돌아서서 아들 몰래 통곡했다.

서계는 자신의 은거지에서 20년 동안 기존의 주자학적 세계관을 전복하는 경전의 재해석에 매달렸는데, 이를 집대성한 것이 『사변록』이다. 당시 조선은 병자호란 등으로 쑥대밭이 되었지만 사대주의적 명분론에 여전히 집착하고 있었다. 서계는 이러한 현실에서 혁신적이고 실용적인 주장을 담은 『사변록』을 통해 명분에 사로잡힌 주자학적 세계관에 메스를 대며 새로운 시대정신을 담으려고 했다. 무려 30년 동안 집필한 이 책은 사서四書와 『시경』, 『서경』의 본문을 재해석한 것이다. 또한 그는 사서는 물론 노자의 『도덕경』, 장자의 연구를 통해 지배 세력이 금과옥조처럼 여기던 주자학적 고정관념에서 벗어나려 했다.

'입언군자立言君子'라는 말이 있다. '후세에 남을 만한 모범이 되는 말을 하는 군자'라는 의미다. 주자의 성리학만이 학문으로 인정받았던 조선 시대에는 성리학의 정통성에 저항할 경우 수모를 당하고 사회에서 추방당하기 일쑤였다. 입언군자라도 가차 없이 매도당하기 십상이었다.

서계의 경전 해석은 조정과 학계에 큰 반발을 불러왔고, 급기야 그는 '사문난적'이라는 극단의 공격을 받았다. 사문난적으로 낙인 찍히면 유교 국가인 조선에서는 사회적으로 완전히 매장당했다.

'시장 상황' 외면한 집권층에 맞서다

조선 시대의 과거 시험은 말도 많고 탈도 많았다. 1, 2차 시험에 합격하고도 국왕의 최종 허가에서 낙방하는 비운의 주인공들도 있었다. 학문이 깊더라도 왕의 노여움을 사거나 심기를 불편하게 하면 가차 없이 불합격 처리되었던 것이다. 과거 답안지에 주자 이외의 학문을 논하는 것도 금기였다. 삼보컴퓨터 창업자 이용태 회장의 직계 선조인 운악 이함(1554~1632)은 장자의 말을 인용하다가 과거에서 낙방했다. 한산이씨의 대표 주자인 토정 이지함(1517~1578)도 마찬가지였다. 장자를 무척 싫어한 선조는 "유교 경전에도 인용할 말이 많은데 어찌 장자의 밝지 못한 내용을 인용하느냐"며 토정을 불합격시켰다. 운악은 이에 굴하지 않고 56세에 과거에 재도전해 합격했다. 반면 토정은 더 이상 과거를 보지 않았다.

노자와 장자를 글이나 입에 올려 수모를 당하던 시대가 있었다. 하물며 지배 이념인 성리학을 비판하면 어떻게 되었을까. 이 경우에는 지배 세력에게 '사문난적'이라는 낙인이 찍히고 죽음으로 내몰리기까지 했다. 사문난적이란 성현의 학문과 상반된 해괴한 논리를 펼쳐 정도를 해치는 도적이라는 의미다. 유교에서는 교리를 어지럽히고 사상에 어긋나는 언행을 하는 사람을 일컫는다. 원래 유교 반대자를 비난하는 말이었으나 조선 중엽 이후 당쟁이 격렬해지면서부터 그 뜻이 배타적으로 변해, 유교의 교리 자체에 반대하지 않더라도 그 교리를 해석할 때 주자의 방법에 따르지 않는 사람들까지도 사문난적으로 몰았다.

사문난적이라는 낙인찍기는 정치적 반대파를 견제하거나 제거하는 지배층의 논리라고 할 수 있다. 당시 집권 세력이었던 노론이 남인이나 소론(윤증을 중심으로 노론의 대의명분을 공격하며 실리를 추구했다)을 공격하기 위한 무기로 활용한 것이다. 주자학이라는 지배 이데올로기 이외에 다른 견해를 갖거나 다른 학문(노장학이나 양명학)을 연구하는 것을 용납하지 않겠다는 기득권적 발상이었다.

사문난적이라고 극단적 공격을 받았던 허균과 윤휴, 박세당은 창조적 사고로 시대의 부조리와 부패한 지배 이데올로기에 대항한 혁신가들이라고 할 수 있다. 시대가 불안하고 부패할수록 시대 정신을 새롭게 밝히는 혁신적 사고가 필요한데, 이러한 혁신적 사고는 불가피하게도 기존 사고 체계와의 갈등을 수반한다. 다시 말하면 박세당과 윤휴, 허균 등 사문난적으로 몰린 이들이야말로 부조리한 현실을 타개하려 했던 혁신적 인재들로 새롭게 조명할 수 있다. 사문난적으로 몰린 이들은 조선 사회에서 사형선고를 받은 것이나 다름없었다. 결국 그들은 대학자로 이름을 날렸지만『조선왕조실록』의 사관이 쓴 인물평에는 단 한 줄도 거론되지 않았다. 집권층이 의도적으로 '따돌린' 결과다.

"그의 사상은 마치 잣이나 호두처럼 딱딱한 껍데기에 들어 있는 고소한 속살과 같다."서계 박세당 연구자들의 평가처럼, 경전에 대한 그의 새로운 해석은 매우 참신하고 치밀한 모습을 보여준다. 그는 당시 모든 유학자들이 금기시했던 노장의 사상과 양명학에 대해서도 유연하고 개방적인 태도를 지니고 있었다. 박세당은 당시로서는 창조적인 동시에 기존 질서에 파괴적인 인물이었다. 지배 권력층이 그를 기피한 것은 어쩌면 당연한 일이었다. 그 역시 자신의 기득권을 스스로 버렸다. 서계는 명문가의 후손이었으나 몸소 농사를 짓고 땔감을 팔아 생계를 꾸렸다.

　서계 박세당은 김시습(1435~1493)과 200년이라는 시공간의 차이가 나는 인물이지만 김시습의 자유정신과 선비정신을 흠모했다. 김시습은 생육신의 한 사람으로, 특히 유불儒佛 정신을 섭렵한 사상과 문장으로 일세를 풍미했다. 박세당은 무량사에서 김시습의 영정을 그려다가 그가 살던 수락산 자락 청절사 아래에 청풍정을 짓고 추모했다. 이는 누구나 할 수 있는 일이 아니다. 이로 미루어 박세당의 역할 모델은 다름아닌 김시습이었던 것으로 보인다.

　박세당이 사문난적으로 내몰려 추방당한 것은 『사변록』 그 자

서계 박세당의 초상화 "당신의 역할 모델은 누구인가?" 박세당의 역할 모델은 김시습이었다. 그는 김시습의 영정을 그려와 절을 짓고 모시면서 그를 흠모했다.

▲석천 경영의 산실인 사랑채 모습 혹여 나이
40을 넘기고도 아직 인생을 놓고 망설이고
있지는 않은가. 서계는 40세에 벼슬을 그만
두고 수락산 자락으로 들어와 새로운 뜻을
세우고 실천해 스스로 '석천 경영'이라 불렀
다. 서계는 이곳에서 『사변록』을 지었다.

▶서계를 사문난적으로 몰아붙인 「사변록」
직장인이든 CEO든 자신을 일으켜 세울 수
있는 가장 확실한 무기는 바로 글을 써서 책
을 펴내는 것이다. 창의적인 글은 세대를 넘
어 메시지를 전한다.

체보다 당대의 권세가인 우암 송시열(1607~1689)에 대한 도전에서
연유한 측면을 간과할 수 없다. 『사변록』에서 박세당은 많은 부분
을 주자와 다르게 해석했다. 서계는 기득권 세력이 금과옥조로
받들던 주자의 견해라 할지라도 자신이 이해한 내용으로 새롭게
주석을 달았다. 이러한 해석은 조정과 학계에 큰 문제를 야기했
고, 그는 사문난적이라는 극단의 공격을 받기에 이르렀다. 특히

당시 지배 세력이었던 노론의 실세 우암 송시열을 낮게 평가한 것이 발단이 되었다.

박세당은 병자호란 때 삼전도비의 비문을 지은 이경석의 신도비(죽은 이의 사적事蹟을 기리는 비석)를 쓰면서 이경석을 '노성인老成人'이라고 했다. 또한 그를 군자의 상징인 '봉황'에 비유했다. 반면 송시열은 '불상인不祥人'이라 하고 '올빼미'에 비유하며 혹평을 했다. '삼전도 비문 사건'은 지배 세력인 노론(송시열)과 비주류인 소론(박세당)의 당쟁으로 비화했다. 특히 송시열은 당시 발표하지도 않은 박세당의 『사변록』을 문제 삼아 그를 사문난적으로 파문하기까지 했다. 은거를 택한 서계는 역설적으로 이 책으로 인해 탄핵을 받아 74세에 유배를 당하게 된다. 서계의 강직한 행동은 아들 박태보의 강직한 삶과 어우러져 이미 당대에 민간에 회자되며 신화가 될 정도였다.

당시 송시열 일파는 박세당의 글이 성인(송시열)을 업신여겼다고 단정하고, 이경석 비문과 『사변록』을 거두어 불태움과 동시에 엄중한 벌을 내려달라고 국왕에게 청했다. 숙종은 즉시 박세당의 관직을 삭탈하고 『사변록』을 불태우게 했다. 또한 이경석이 죽은 지 30년이 지났건만 그의 신도비를 불태우고 물에 내던졌다. 사대부 사회에서는 전대미문의 사건이었다. 18세기를 여는 1703년의 일이었다.

이 사건은 박세당의 실리사상과 송시열 일파의 사대주의적 명분사상의 충돌이었다. 서계는 숭명배청崇明排淸의 분위기가 지배적

이던 당시의 정치적 상황에도 불구하고 조선이 살려면 존명사대尊明事大의 명분을 버리고 실리를 추구해야 한다고 주장했다. 중국 대륙의 세력 변동에 주체적으로 대응하는 실리주의를 주장한 것이다. 명분론은 임진왜란 때 조선을 도운 명나라를 위해 청나라와의 전쟁도 불사해야 한다는 북벌론이었던 데 반해, 실리론은 북벌의 무모함을 알리고 명이 멸망한 이상 청나라의 실용적인 문물을 받아들여야 한다는 주장이었다. 그러나 조선을 관통하는 노선은 실리론이 아닌 명분론이었다.

우리나라에서 정치적인 의미의 '명분'은 그 연원을 거슬러 올라가면 요즘처럼 자긍심을 주는 단어가 아니다. 그것은 '존명사대주의'의 명분이었다. 명이 멸망해도 오랑캐인 청나라를 섬길 수 없다는 것이다. 명이 멸망한 후 조선에서는 묘지명에 '유명조선국有名朝鮮國'이라는 이상한 조어가 등장했는데, 이것이 바로 '명나라에 속한 조선국'이라는 의미다. 사대주의의 극치가 아닐 수 없다.

흥미로운 것은 박세당을 가장 적극적으로 공격한 인물이 다름 아닌 김창협이라는 사실이다. 김창협은 병자호란 때 척화를 주창해 일약 정치계의 풍운아로 떠오른 청음 김상헌의 증손자다. 그역시 김상헌처럼 예조판서를 지냈고, 김상헌처럼 '명분'을 최고의 덕목으로 삼았다. 반면 박세당의 입장은 명분보다 실리 쪽에 섰는데, 이는 그가 살던 암울한 시대상에 대한 통렬한 반성에서 출발한 것이었다.

윤휴, 허균… 추방당한 창조적 혁신가들

박세당이 살던 17세기 중후반은 정치적 불안정과 민생의 곤궁이 극심한 시기였다. 병자호란과 정묘호란에 뒤이은 당쟁의 격화로 말미암아 국력은 약화되고 민생은 도탄에 허덕이고 있었다. 백성들은 명분에 집착해서는 더 이상 조선이 살아갈 방도가 없으니 바뀐 시대적 현실에 맞춰 '실리'를 취해야 한다는 입장이었지만, 집권 세력은 1644년에 이미 멸망한 명나라를 섬겨야 한다는 명분론에 여전히 집착했다. 그야말로 시대정신을 읽지 못하고 있었던 것이다. 그들은 새로운 강자인 청나라를 무시하고 청나라의 문물을 받아들이려 하지 않았다.

이러한 현실 인식은 그야말로 '시장의 논리'를 인정하지 않는 것과 같다. 비유하자면 한때 블루칩으로 통했지만 급변하는 시장 상황으로 인해 외면당하고 있는 주식을 끝까지 쥐고 있는 것과 다를 바 없다. 시장의 상황은 냉정하다. 경기의 흐름을 읽지 않고 주관적인 판단으로 주식 투자를 하면 큰 손해를 보는 것은 뻔한 이치다. 당시 소론 등의 비판 세력은 명분에 집착해서는 조선의 미래가 없다는 경고장을 내렸지만 집권층은 이를 외면했다.

17세기 전란 후의 혼란기에도 지배 세력은 여전히 주자학적 체제로 사회 혼란을 수습하려고 했다. 이는 손에 쥔 기득권을 내놓지 않겠다는 것과 다름없었다. 세상은 급격하게 변해가는데 지배 세력은 변화를 외면했다.

이러한 태도에 대해 사대부 내부에서도 반발하는 흐름이 있었

박세당이 제자들에게 강론을 하던 궤산정 "아홉 길 높이의 높은 산을 만드는 데 흙 한 삼태기가
모자라 쌓은 공이 헛되이 되지 않도록 하라." 실학의 선구자 박세당이 제자들에게 자주 들려준
교훈적인 경구다. 한국인과 한국산 제품은 아직도 1%가 부족하다고 한다. 한국이 일류 국가에
오르지 못하는 수수께끼 같은 비밀을 이미 박세당이 350년 전에 꼬집은 것은 아닐까.

다. 윤휴가 주희의 학설에 이의를 제기한 것이 이런 흐름의 하나다. 윤휴는 종래 주자의 해석 방법을 배격하고 『중용』 등을 독자적으로 해석해, 송시열에게 사문난적이라는 공격을 받았다.

박세당과 윤휴에 앞서 사문난적으로 내몰린 인물은 허균(1569~1618)이다. 허균은 사문난적의 선구자인 셈이다. 그는 인간 본연의 타고난 본성을 존중하는 인간 해방의 사상가라고 할 수 있다. 야사인 『조야회통』에는 다음과 같은 허균의 글이 실려 있다.

남녀의 정욕은 하늘이 부여해 준 것이요, 이를 검속하는 것은 성인의 가르침이다. 나는 성인을 따르기보다는 하늘을 따르겠다.

이 글은 80년대 마광수 교수의 '야한 여자'론을 연상시킨다. 하지만 400년 전에는 남녀가 유별하다는 윤리가 중세적 신분사회의 기강으로 작용했다. 허균은 하늘을 빌려서 유교 윤리 도덕의 허위의식을 지탄했다.

예교가 어찌 자유로움을 구속하리요.
뜨고 가라앉는 것은 다만 정情에 맡기려 하노라.
그대들은 그대들의 법을 따르라.
나는 내 삶을 다하겠노라.

이 시는 허균이 37세 때 불교를 좋아한다는 이유로 사헌부의 탄핵을 받아 수안군수에서 파직되고 난 뒤의 심경을 읊은 것이다. 현실과의 타협을 거부하고 '마이 웨이'를 선언한 것으로, 박세당과 윤휴, 허균은 명분론에 사로잡혀 삶을 피폐하게 하는 현실에 결코 안주하지 않았다. 이들은 보장된 길 대신 고난의 길을 스스로 걸으며 세상의 목소리를 대변하려 했다. 기득권에 안주한 권력을 향해 돌팔매질을 하면서 기존의 권력 시스템을 혁신할 것을 요구했다. 이것은 바로 사대주의에 지친 국민의 목소리였다.

조선 후기에는 집권층인 주류를 제외한 비주류와 백성들 모두가 실용적 혁신의 필요성을 공감하고 있었다. 명분을 벗고 실리를 취해야 하며, 이를 위해서는 조선에 굴욕을 안긴 청나라이지만 청의 선진 문물만은 수용해야 한다는 것이다. 그러나 집권층은 이를 수용하지 않았다. 수구적인 집권층이야말로 혁신의 최대 걸림돌이었던 것이다. 혁신을 주창하면 되레 사문난적으로 내몰렸다. 미국의 경영학자 피터 드러커가 말한 것처럼, 혁신가들은 혁신의 기회를 포착했지만 그로 인해 희생의 제물이 되었다.

마침내 이들의 혁신사상은 조선 후기의 실학사상으로 이어져 어느 정도 결실을 거둘 수 있었다. 하지만 집권층은 끝까지 혁신을 수용하지 않았고, 이는 조선의 멸망으로 이어지며 일제의 식민 지배로 귀착되었다.

지금의 시대정신에 비춰볼 때 박세당과 윤휴, 허균 등은 결코 사문난적으로 매도될 수 없다. 이들이 한발 앞서 외친 실용적인 시대정신이야말로 조선을 구하는 경세책략에 적합한 덕목이었다.

그러나 이들의 외침은 명분에만 집착하는 주류들의 통렬한 자기 반성을 요구하는 것이었기에, 그들은 사문난적으로 추방당할 수밖에 없는 운명이었다.

4대에 걸쳐 불의와 타협하지 않은 대쪽 정신

직언을 하고 절의를 강조하는 서계의 선비정신은 자칫 가문 전체를 위기로 내몰 수도 있었다. 박용우 씨는 "서계가 내린 이러한 가르침은 사람이나 가문이 위기에 처할 경우 비겁하게 시류에 타협하지 말고 '정공법'으로 돌파해야 한다는 것"이라고 말한다. 그는 "때로는 정공법이 개인이나 가문을 위기로 몰아넣을 수도 있지만, 세상을 보다 밝히는 '아름다운 횃불'이 될 수 있다"고 강조한다.

정도正道를 걸을 경우 자칫 치명적인 위기로 내몰릴 수도 있다. 하지만 위기를 잘 관리한다면 정도를 걸으면서도 아름다운 삶을 살 수 있다. 이는 무려 4대에 걸쳐 절의를 지킨 박세당과 그 후손들을 통해 확인할 수 있다.

서계 박세당 가문처럼 한 가문에서 대대로 유배를 당하고 시대와의 불화를 겪은 것은 그리 흔한 경우가 아니다. 서계 가문은 위로는 할아버지부터 시작해 그의 아들까지 모두 과거에 급제했다. 더욱이 서계와 아들 박태보는 장원급제를 했다. 또 4대 모두 의리와 절의를 지키다 화를 당했지만 이내 복권되었다.

서계는 남원부사인 박정의 넷째 아들로 태어났다. 박정은 광해군 때 문과에 급제해 벼슬길에 나아갔지만, 부친인 박동선과 함께 광해군의 폐모론에 반대하다가 부자가 함께 유배당하고 삭탈관직당했다. 박동선은 광해군이 즉위한 후 대사간에 임명되었으나 광해군의 패륜 행위에 반대해 관직을 사양했다. 박정은 아버지 박동선이 인목대비 폐모론에 동참하지 않았다는 이유로 탄핵을 받고 유배되자 사직했다.

박정의 아들 박세당 또한 새로운 시대정신을 부르짖다 사회로부터 추방당하는 수모를 겪었다. 그의 아들 박태보 역시 숙종의 인현왕후 폐위를 막다가 온몸에 고문을 당하고 결국 유배지로 가던 길에 노량진의 사육신 묘 옆에서 죽었다. 이들 4부자는 국왕의 잘못이나 백성의 고통에 아랑곳하지 않는 시대적 현실을 결코 외면하지 않았다. 앞장서서 잘못을 외치고 지적하고 조언하다 고난을 겪었다.

이들 4부자의 행적은 그들 선조의 행적과 닮아 있다. 이들에게는 이미 본보기가 되는 인생의 역할 모델이 있었던 것이다. 조광조의 스승인 야천 박소(1493~1534)는 바로 박동선의 조부다. 또 박소의 앞에는 목은 이색의 스승인 박상충(1332~1375)이 있었다. 박상충은 정몽주와 함께 성리학의 보급에 절대적인 영향을 끼친 인물로, 당시 친원파의 거두인 이인임을 비판하는 상소를 올렸다가 장형을 당하고 유배 길에서 44세로 사망했다. 그는 비명에 죽었지만 '반남선생'으로 칭송되며 이후 반남박씨의 정신적 지주가 되었다.

조광조와 이언적 등 당대의 명사들과 교유한 박소는 장원급제한 인재로, 권신 김안로를 탄핵하다 도리어 반격을 당해 조정에서 축출되었다. 박소는 성장기를 보낸 합천 외가에 가족들을 데리고 내려가 세상과 단절된 삶을 살다가 세상을 떠났다.

이들의 삶과 그 후손인 박세당과 박태보의 삶이 드문드문 중첩된다. 박세당은 지배층인 노론의 송시열계와 불화를 겪다가 40세에 수락산 자락으로 은거했는데, 이는 선조인 박소의 삶과 닮아 있다. 한편 박태보는 고문을 당하고 유배 길에서 후유증으로 죽은 박상충을 떠올리게 한다.

의리와 절개를 상징하는 선비들은 무엇보다 '출처出處'를 중시했다. 나아갈 때 나아가지 않거나 나아가지 않을 때 나아가는 것은 선비정신을 모독하는 것이다. 조선 시대 전체를 지배했던 명분론은 바로 선비정신에서 출발한다. 선비정신은 나아가야 할 때 바로 나아가는 것이다. 서계와 두 아들은 바로 나아가야 할 때 머뭇거리지 않고 나아가 위기를 자초했다. 그 위기는 일시적인 것이었고, 길게 보면 위기를 감내했기에 자긍심 있는 가문으로 나아갈 수 있었다. 이는 희생 없이는 결코 존경받을 수 없고 얻고자 하는 바를 얻을 수 없다는 평범한 진리를 재확인시켜 준다.

서계 가문의 사람들이 걸어간 길은 결코 흔한 길이 아니다. 하지만 절의를 지키는 것이 당장은 손해를 겪고 때로 죽임을 당하는 고난과 불행을 불러오지만 장기적으로는 인간의 길임을 일깨워 준다. 물론 지금은 선비정신만으로 살아갈 수 있는 시대가 아니지만 서계 가문은 권세만이 사람의 길이 아님을 알려준다.

　이것은 정말 뜻밖의 결과가 아닐 수 없다. 지금의 세태도 그렇지만 인간사는 '좋은 것이 좋은 것이다.' 이를 거스르면 가차 없는 응징이 가해지는데, 서계 가문의 경우 예외도 있다는 것을 보여준다. 비록 서계의 두 아들은 비명에 갔지만 그들이 죽은 뒤의 후손들의 삶은 영예로웠다. 박세당은 죽은 지 얼마 지나지 않아 신원되었고, 20년이 지난 1722년(경종 2년)에 문절文節이라는 시호를 받았다. 박태보를 모진 고문으로 죽인 숙종은 그가 죽은 뒤에 곧 후회했고, 그의 충절을 기리는 정려문을 세웠다. 또한 그를 영의정에 추증했다. 더욱 중요한 것은 그 후손들의 삶이다. 서계가의 후손들은 선조들의 선비정신을 '양식' 삼아 대대로 서계의 후손이라는 자부심으로 살아갈 수 있었다.

박세당과 그 후손들이 묻혀 있는 선영 결출한 스타의 후광은 깊다.

　두 아들의 죽음을 겪은 서계는 68세 때 남은 막내아들과 손자 등 자손들에게 경계의 뜻을 전하는 '계자손문戒子孫文'이라는 글을 남겼다. 박용우 씨는 "매사에 조심해 문제가 일어나지 않게 하되 그것이 진리에 어긋난다면 무리가 따르더라도 맞서 싸워야 한다"는 것이 계자손문의 가르침이라고 강조했다. 서계는 두 아들을 잃고도 호연지기를 잃지 않고 자손들에게 그 정신을 전했던 것이다. 후손들은 서계의 이런 처신과 가문 경영을 '석천 경영'이라고 부른다. 박세당의 일생과 그의 가문을 보면 가풍이 얼마나 중요한지 다시 한번 확인할 수 있다.

반남박씨는 조선 후기 인재의 '곳간'이었다

반남박씨는 박상충과 박소 그리고 박세당에게서 볼 수 있듯이 '드러난 듯하면서 드러나지 않는' 인간의 길을 갔다. 지배 세력이었던 서인이 분열하면서 노론이 다시 득세하는 시대 상황에서 대부분이 비주류인 소론의 길을 택했다. 청음 김상헌과 우암 송시열로 이어지는 노론의 시대에 이들과 교류하면서도 이들의 권력 전횡을 견제하는 역할을 했다. 박세당에 이어 박세채가 소론의 영수 역할을 했다. 반면 박지원가는 그의 5대조 박미가 선조의 사위여서인지 노론과 소론의 분화 과정에서 노론의 편에 섰다. 외척이었던 박지원가는 더욱 근신하면서 권력을 멀리해 대대로 청빈하게 살면서도 많은 인재를 배출했다. 박세당이나 박세채, 박지원 가문 모두 같은 뿌리(야천 박소)에서 비롯되었다.

서계 박세당과 동국18현에 오른 박세채, 실학의 거두 연암 박지원을 배출한 반남박씨는 조선 후기에 김상헌 가문의 신안동김씨(장동김씨)의 독주로 인해 상대적으로 드러나지 않았지만 최대의 인재 곳간 역할을 했다. 반남박씨가 본격적으로 인재를 배출하기 시작한 것은 야천 박소에 이르러서다. 박소의 '5자 16손'에서야 비로소 인재들이 쏟아져 나오기 시작했다.

박소의 손자 16명 가운데 6명이 문과에 급제했다. 박세당은 박소의 장남 박응천의 막내(6남)인 박동선의 손자다. 박세채와 박지원은 박소의 4남 박응복의 막내 박동량의 후손이다. 박동량은 임진왜란 때 선조를 모신 공으로 금계공에 봉해졌고, 박미와 박의, 두 아들을 두었다. 박미의 5대손이 박지원이고, 박의의 아들이 박세채다.

박소의 5자 16손 후손에서 문과 급제자가 127명이나 나왔다. 이것은 조선 시대에 한 문중에서 배출한 인재로는 두번째 기록이다. 과거 급제자가 가장 많은 가문은 청음 김상헌과 선원 김상용을 배출한 안동김씨 김생해 가문으로, 약 300년에 걸쳐 136명의 과거 합격자가 나왔다. 3위는 '서지약봉'이라는 브랜드를 남긴 대구서씨 약봉 서성 가문으로 105명에 이른다. 반남박씨의 박소 후손들은 약봉 가문보다 더 많은 과거 합격자를 배출했다.

더욱이 반남박씨 대부분은 당시 주류였던 노론보다는 비주류인 소론에 속했다. 청음 김상헌의 후손들이 세도정치로 득세한 것과 달리, 이들 가문은 권력의 정점에서는 밀려날 수밖에 없었을 것이다. 두 가문은 과거 급제자 수는 비슷하지만, 주류였던 장동 김씨가 상신을 15명 배출한 데 비해 비주류였던 반남박씨는 6명에 그쳤다. 반면 당상관 정3품급 벼슬까지 오른 이들은 35명으로 상대적으로 많았다.

반남박씨는 수많은 인재를 배출하고도 역사에 오점을 남기지 않은 반면, 신안동김씨는 세도정치로 조선을 망국의 길로 이끌었다는 비판으로부터 결코 자유롭지 못하다. 무엇이 이 두 가문의 차이를 만든 것일까. 그것은 어쩌면 대대로 이어져오는 가문의 내력 혹은 유전적 DNA에서 찾을 수 있지 않을까.

창조를 위해선
거부당하는 고통을 견뎌라

포스트잇, VCR, 팩시밀리, 크라이슬러 미니밴, 휴대폰…….

지금은 누구나 사용하고 있거나 사용했던 이러한 아이템들의 공통점은 바로 출시 초기에 고객들에게 거부당한 대표적인 상품이라는 것이다. 이들 아이템이 인기 상품으로 자리매김하기까지는 무려 10년이라는 시간이 걸렸다. 미국의「포춘」지에 따르면, 포스트잇 메모지 발명자인 아트 프라이는 이 아이디어로 시장에서 성공하기까지 12년을 기다려야 했다. 현재 포스트잇을 만드는 3M 사는 이 상품으로 매년 10억 달러를 벌어들이고 있다. 팩시밀리도 처음에는 거의 판매되지 않았다. 팩스를 보내도 받아줄 팩시밀리가 없었기 때문이다.

요컨대 새로운 시장을 창조해서 성공한 제품들 대다수가 처음에는 소비자들에게 거부당했다. 게다가 성공가도로 접어들기까지 수년에서 십수년 이상이 걸리는 등 고통과 인내의 과정을 견뎌야만 했다. 아마도 무엇보다 그 상품이 낯설었기 때문이 아닐까.

경영 컨설턴트 톰 피터스는 여기서 한 가지 교훈을 들려준다. "초기에 지속적으로 거부당하는 고통을 견뎌내는 사람만이 세상을 바꿀 수 있다." 이 한 줄에 인생이 압축되어 있는 셈이다. 달리 말하자면 미래를 개척하는 리더들은 초기에 예외 없이 상당한 고통을 겪는데 이를 이겨내지 못하면 리더로 올라설 수 없다는 것이다.

창조적 작품과 거리가 먼 것이 '짝퉁'이라고 할 수 있다. 모방도 일종의 창조적 행위라는 역설적인 주장도 있지만, 진정 창조적인 작품을 만들려면 자신만의 원천 기술을 가지고 있어야 한다. 원천 기술이 없는 창조적 작품은 그야말로 모방에 불과하다. 또 '무임승차'라는 말도 있다. 이 역시 적절한 대가를 치르거나 노력하지 않고 부당한 이득을 취하는 행위다. '짝퉁'이나 '무임승차' 모두 정당한 비용을 치르지 않고 기회를 틈타 끼어들어 부당이득을 취하는 수법이다. 세계관세기구의 추정에 따르면, 전 세계 물품 교역량의 7퍼센트가 짝퉁이라고 한다.

때때로 우리나라 대기업들도 중소기업이 막대한 연구개발비를 들여 신상품이나 신기술을 내놓으면 곧바로 모방해 유사 상품이나 기술을 내놓는다. 게다가 자본을 앞세운 대대적인 광고와 마케팅을 통해 후발업체인 자신들이 마치 원천 기술 보유자인 양 열을 올린다. 이렇게 되면 애써 신기술을 개발한 중소업체는 돈도 명예도 모두 잃을 수 있다. 정글의 법칙이 지배하는 시장이라고 해도 '상도의商道義'에 비춰 볼 때 이러한 행위는 결코 비난을 면할 수 없다. 짝퉁과 무임승차는 건전한 기업의 수익성까지 갉아먹는다는 데 그 심각성이 있다.

짝통과 부당이득은 비단 기업 차원에만 있는 것이 아니다. 다른 예로 '족보 세탁'을 들 수 있겠다. 족보 세탁이란 자신과 무관한 명문가의 이름을 부당하게 도용해 명문가의 후예로 둔갑하는 것을 말한다. 족보 세탁을 통해 '짝통'이 '진품'인 것처럼 행세하는 것이다.

'위조 족보 사업가'는 18세기 중반부터 이미 존재했다. 당시 역관이었던 김경희는 인쇄술이 발달하자 이를 기회로 이용했다. 김경희는 자기 집에 인쇄소를 만들어놓고, 신분 상승을 노리는 평민이나 노비 들이 은밀하게 부탁해 오면 수집해 놓은 족보에 적힌 이름을 위조하거나 족보에 이름을 추가하는 수법으로 위조 족보를 만들어서 팔았다. 족보는 몰락양반들에게서 직접 사들이거나 족보 간행을 맡은 문중 책임자에게 뇌물을 주고 여벌을 더 간행하게 해서 건네받는 방식으로 수집했다고 한다. 족보 세탁은 지금도 공공연한 비밀에 해당한다. 국립중앙도서관 고서실 주변에서는 족보 세탁 전문가들이 은밀하게 활동하며 네트워크를 이루고 있다고 한다(백승종, 「위조족보의 유행」(논문) 참조).

짝통이든 족보 세탁이든 그것은 명품이나 명문가가 되기 위해 반드시 치러야 하는 '고난의 비용' 없이 부당하게 무임승차하려는 것에 해당한다. 가격은 같지만 품질에서 차이가 나는 상품의 경우, 시장 경쟁 원리에 따라 품질이 우수한 것이 열등한 것을 밀어내게 된다. 하지만 세상의 현실은 꼭 그렇지만은 않은 것 같다. 짝통이 시장을 교란하면 원조 제품을 만든 기업이 흔들리고 때로는 짝퉁이 진품인 양 시장을 지배하기도 한다. 마치 독립운동가 세력이 지배 계층에서 밀려나고 친일 세력이 득세한 것처럼.

고난이라는 비용을 지불해야만 사회를 밝히는 등불이 될 수 있다. 반면 짝퉁이나 족보 세탁과 같이 손쉽게 얻어내려고 하는 행위는 어둠의 세력과 결탁하는 것이다. 요즘 기업의 기밀을 빼돌려 팔아먹는 행위가 대표적이라고 하겠다.

유례없는 전쟁을 겪은 17세기 조선 사회에서 지배층은 명분론에 사로잡혀 백성의 곤궁 해결에 나서기보다 자신들의 이익을 옹호하는 데만 급급했다. 백성들의 삶의 질을 개선하기 위한 실리적인 주장조차 가차 없이 핍박을 당해야 했다. 조선 후기 지배 세력이었던 노론은 주자의 글을 단 한 자라도 고쳐 해석하는 사람은 거침없이 사문난적으로 몰아붙였다. 전쟁의 참화로 혼란스러운 사회를 수습하기 위해서는 다시 주자학적 질서를 공고히 할 필요가 있었기 때문이다. 이른바 군사독재 시절에 자주 들먹였던 공안 정국을 의도적으로 조성한 것과 같다.

남인의 거목 윤휴나 소론의 거목 박세당과 윤증 등은 공안정국을 주도하던 노론의 표적이 되었다. 존명대의尊明大義라는 명분론에 집착하던 노론의 입장에서는 혁신적인 사상이나 실용적인 학문이 나올 수 없었다. 임진왜란을 겪은 후에는 존명대의의 명분론이 더욱 강해진 데다, 이 명분론은 병자호란을 전후해 척화론과 반청론으로 기울었다. 주자학에 반대 의견을 내놓는 것은 당시로서는 '자살' 행위나 다름없었다. 그랬다간 사문난적으로 내몰리고 유배를 당해 죽음에 이르렀다. 윤휴, 박세당 모두 유배지에서 죽었다.

이들을 보면 혁신 주창자들은 고난을 피할 수 없다. 그것은 바로 기존의 권력화된 통념을 거부하거나 부패한 지배 세력에 도전장을 내는 것이기 때문이다. 고난 없이 이루어지는 일은 없다는 것을 다시 한번 확인할 수 있다.

CNN, Intel, MTV, 스타벅스, 나이키, IBM, MS 등은 글로벌 브랜드를 구축한 회사들이다. 톰 피터스는 『혁신 경영』에서 이들 브랜드를 가리켜 "이들은 브랜드의 군계일학이다. 이제는 개인도 브랜드의 군계일학이 되어야 한다"고 말한다. 그는 브랜드화란 고유한 개성을 창조하고 어떤 방법으로든 그것을 세상에 알리는 것, 그 이상도 이하도 아니라고 강조한다. 또한 "브랜드화는 시도하지 않으면 놓쳐버릴 아까운 기회다. 어떻게 보면 나 자신도 브랜드다"라고 말하면서, "나 역시 거의 혼자서 오프라 윈프리나 데니스 로드먼, 마사 스튜어트, 아니타 로딕스, 리처드 브랜슨 등과 같이 스스로 브랜드가 된 사람의 흉내를 내면서 나 자신을 브랜드화했다"고 털어놓았다.

톰 피터스의 말을 빌리면, CNN, Intel, MTV, 스타벅스, 나이키, IBM, MS 등은 이 시대의 상품을 대표하는 브랜드들이다. 이에 견주어 한 해 수천억 원을 벌어들이는 오프라 윈프리나 마사 스튜어트 등은 자신을 브랜드화하는 데 성공한 대표적 인물이라고 할 수 있다.

당시에는 사문난적으로 몰렸던 박세당이나 윤휴, 혁신적인 인물인 허균 등은 고난의 시간을 거쳐 브랜드의 군계일학이 되었다. 톰 피터스가 말한 대로, 그들은 초기에는 지속적으로 거부당하는 고통을 겪었지만 그 고통의 과정을 이겨내고 창조적 리더로 우뚝 설 수 있었다.

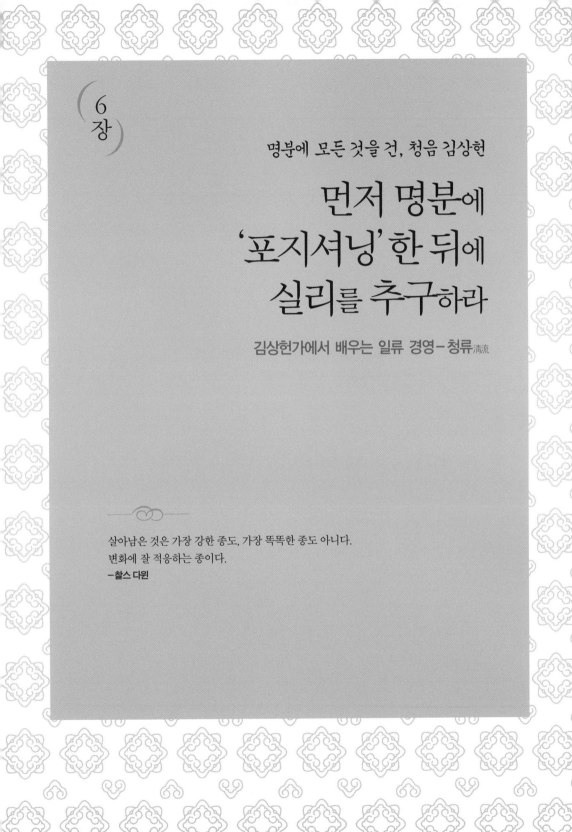

명분에 모든 것을 건, 청음 김상헌

먼저 명분에
'포지셔닝'한 뒤에
실리를 추구하라

김상헌가에서 배우는 일류 경영 – 청류淸流

살아남은 것은 가장 강한 종도, 가장 똑똑한 종도 아니다.
변화에 잘 적응하는 종이다.
– 찰스 다윈

명분에 모든 것을 건, 청음 김상헌이 실천한 '단계5의 리더십'
– 명분이냐 실리냐, 선택의 기로에 선 이들에게 주는 5계명

◉ 눈앞의 이익에 매달리지 마라

◉ '나아갈 때'라고 판단되면 지체 없이 나아가라

◉ 시대정신에 충실하라

◉ 일단 포지셔닝하면 쉽게 바꾸지 마라

◉ 우선 명분을 지킨 뒤에 실리를 구하라

주류 위에 청류가 있다

'주류보다 더 높은 곳에 청류가 있다.'

　남성 독자들을 사로잡은 김훈의 소설 『남한산성』을 읽으면서
언뜻 이런 생각이 떠올랐다. 한 평자의 말처럼 『남한산성』은 우리
사회를 지배해 온 실리와 명분의 싸움이 어디서부터 시작됐는지
를 잘 보여준다. 지금도 때로 턱없다고 생각되는 명분이 실리를
이기는 경우를 접하곤 한다. 특히 정치 세계가 그러한데, 선거에
서는 언제나 명분의 힘이 우위에 있다. 명분을 선점하지 못하면
실패하기 십상이다.

　소설 『남한산성』의 주인공은 병자호란 당시 예조판서였던 청
음 김상헌과 이조판서였던 지천 최명길이다. 두 사람은 조선의 정
치와 운명을 결정할 수 있었던 당대의 주류라고 할 수 있다. 하지
만 역사에서 보듯이 주류는 명분과 사상에 따라 각기 분파를 이루

면서 노선을 달리한다. 이때 최고 정책 결정권자가 이들 주류 가운데 누구의 손을 들어주느냐에 따라 주류간의 헤게모니가 갈리게 된다.

병자호란 때에는 전력은 약세이지만 청과의 전쟁을 불사하자는 척화파와, 굴욕을 당하더라도 화친을 해야 한다는 주화파로 양분되었다. 외면상으로는 일단 주화파가 승리했다. 하지만 전쟁 이후에는 상황이 달라졌다. 주화파는 당장의 살길을 찾느라 굴욕을 자초했다는 반대파들의 비난에 직면했다. 조선이 전쟁의 참화에서는 벗어났지만 청의 속국이 되면서 국가적 자존심에 큰 상처를 입었기 때문이다. 조선도 국왕도 청에 잡혀갔다 되돌아온 환향녀(화냥년)의 신세가 된 것이다. 살아 있지만 산목숨이 아니었다.

결국 주화파는 정치 현실에서는 주류가 되었지만 역사에서는 '청류淸流'(명분과 절의를 지키는 깨끗한 사람들을 비유적으로 이르는 말)로 대접받지 못했다. 오히려 권력의 헤게모니에서 밀려난 척화파들이 청류로 평가되었다. 국가의 자존심을 소리 높여 외친 이들은 역사 앞에서 언제나 당당할 수 있었다. 청에 끌려가는 등 일시적으로는 죽은 목숨이었지만 역사에서는 결코 죽은 목숨이 아니었다. 척화파들은 권력 투쟁에서는 졌지만 주류간의 선명성 경쟁에서는 늘 우위를 점했다. 청류가 된 척화파들은 주류의 목소리보다 더 큰 목소리를 낼 수 있었다. 척화파는 '주류 위의 청류'가 되었다. 김상헌이 국왕 앞에서 국왕의 명령에 따라 최명길이 작성한 항복문서를 찢을 수 있었던 용기는 여기에서 나온 것이다.

유명조선有明朝鮮 묘비명에 등장하는 이 말은 조선 시대를 관통한 사대적 명분론을 집약한 표현이라고 할 수 있다. 명이 멸망하고 청이 건국된 후에도 유명조선이라는 표현을 썼다. '명나라에 속한 조선'이라는 의미다. 청음은 이러한 시대정신을 잘 갈파하고 처신해 명예를 드높였다. 경영자는 먼저 시대정신을 읽어야 경영이 보이고 부국의 길이 보일 것이다.

김훈의 『남한산성』에서는 조선의 굴욕적 운명을 앞두고 최명길이 작성한 국서(항복문서)를 다음과 같이 묘사하고 있다. 여기에서 청류가 무엇인지 알 수 있다. 청류는 감히 임금에게 임금의 지시로 작성된 문서조차 '글'이 아니라고 말한다.

─전하, 명길의 문서는 글이 아니옵고……
최명길이 김상헌의 말을 막았다.
─그러하옵니다. 전하, 신의 문서는 글이 아니옵고 길이옵니다. 전하께서 밟고 걸어가셔야 할 길바닥이옵니다.

새로 단장한 남한산성 행궁의 모습
안동김씨는 청음이 없었다면 결
코 조선 중기 이후의 주역이 되지
못했을 것이다. 그 출발점이 된
남한산성. 여기를 나와 인조는 수
치스러운 국왕이 되었지만 청음
은 청류의 상징이 되었다.

　　결코 있을 수 없는 망언이지만 명분 앞에서는 국왕조차 큰소리
를 내지 못했다. 급기야 국왕이 보는 앞에서 신하(김상헌)가 국서를
찢는 일이 벌어졌다. 당시 남한산성의 임시 조정에서는 항복문서
가 채택되기에 앞서 주류들간의 전쟁이 치열하게 전개되고 있었
다. 1637년(인조 15년) 새해 초, 남한산성 행궁에서는 임금이 적진에
보낼 문서를 읽고 이조판서 최명길에게 온당하지 않은 부분을 감
수하게 했다. 최명길이 수정을 하고 이 문서를 예조판서 김상헌에

게 읽게 했는데, 김상헌은 통곡하면서 문서를 찢어버렸다. 김상헌은 "먼저 신을 죽이고 다시 깊이 생각하라"고 아뢰었다.

이는 조선을 지배한 명분(명을 섬기는 존명사대주의)의 힘이 얼마나 강한지를 여실하게 보여준다. 국왕 앞에서 국왕이 명령을 내려 작성한 문서를 신하 된 자가 감히 찢을 수 있었던 것은 바로 조선의 정치 세계를 지배한 명분의 힘이었다. 국방의 방책도 제대로 갖추지 못한 상태에서 후금의 침입을 받은 조선은 전 국토와 국민이 전쟁의 참화로 신음했다. 그 와중에도 신하들은 '오랑캐'인 청나라는 섬길 수 없고 오직 섬길 대상은 명나라 황제라고 외친 것이다. 김훈의 『남한산성』에는 남한산성에 갇혀 있으면서도 명나라를 위한 제를 올리는 장면이 나온다.

결국 조선은 청에 굴복한다. 당시 청음 김상헌은 68세로 예조판서, 지천 최명길은 52세로 이조판서였다. 김상헌은 자결을 시도하다 수포로 돌아가자 고향인 안동으로 은거했고, '청심루'를 지어 끝까지 청을 멀리한다는 입장을 견지했다. 반면 최명길은 영의정에 올랐다.

병자호란이 끝나고 1641년에 청나라가 명을 치기 위해 조선의 원군을 요청하자 김상헌은 상소를 통해 이에 반대한다. 청나라에 다시 위험인물로 지목된 청음은 71세 때 청으로 압송되었고 살아 귀국해 83세에 세상을 떠났다.

항복이라는 치욕 앞에서 항전을 주장하는 목소리는 명분상 우위를 점할 수밖에 없다. 김상헌이 국왕 앞에서 최명길이 작성한 국서를 찢을 수 있었던 것은 다름아닌 '명분의 힘'이다.

월탄 박종화는 김훈보다 앞서 남한산성의 치욕을 소설로 썼다. 1937년에 발표한 역사소설 『대춘부待春賦』에 이렇게 묘사하고 있다. 김훈의 소설보다 더 비장하다.

절반을 채 읽지 못한 청음 김상헌, 얼굴이 시뻘게지며 최명길의 초 잡은 글을 북북 찢어버린다. 만좌는 얼굴빛이 백짓장같이 하얗게 됐다…… 이 모양을 본 지천 최명길은, 허허, 하고 껄껄 웃었다. 무척 속이 상하는 모양이다. '대감은 찢으시오. 나는 암만해도 주워야겠소' 하고 찢어진 초 잡은 종이를 조각조각 집어서 천천히 풀로 붙이고 앉았다.

주류간의 헤게모니 싸움에서 명분은 언제나 최고의 무기가 된다. 비록 헤게모니 투쟁에서 패배해도 명분이 있다면 결코 패배한 게 아니다. 명분으로 인한 패배는 단기적으로는 패배일지라도 장기적으로는 승리를 안겨준다.

먼저 명분에 '포지셔닝' 한 뒤에 실리를 추구하라

상품을 소비하게 하려면 무엇보다 마케팅 전략이 중요하다. 상품은 마케팅을 통해 소비자들에게 '차이의 욕구'를 충족시켜 주는 것으로 강력하게 어필해야 한다. 이때 중요한 것은 제품을 어떻게

'포지셔닝하느냐이다. 포지셔닝positioning이란 제품이 소비자들에게 지각되는 모습을 말하는 것으로, 소비자의 마음속에 자사 제품이나 기업이 표적 시장과 경쟁 기업과 관련해 가장 유리한 위치를 점하도록 노력하는 과정이다.

장기적으로 실리를 추구하려면 먼저 명분에 '포지셔닝'해야 한다. 『주역』식으로 풀이하자면, 명분에 포지셔닝할 경우 단기적으로는 흉凶이라고 할 수 있어도 장기적으로는 끝내 길吉하다.

명분이 언제나 그 자체로 진리인 것은 아니다. 병자호란 당시 김상헌이 주장한 '명분'은 지금의 잣대로 보면 '사대주의'라는 비판에 직면한다. 그 당시에는 시대정신이 '존명'(명나라를 숭배하는 것)이었지만 지금은 결코 아니기 때문이다. 명분은 시대정신에 따라 움직인다.

김상헌이 청과의 항전을 주창한 것은 "청은 명나라의 원수이므로 부모의 원수와 친해지는 것은 불효"이기 때문이다. 최명길은 "현실을 인정하고 굴욕을 당하더라도 백성을 살리는 게 우선"이라며 청나라에 먼저 항복한 뒤에 살길을 찾자고 주장한다. 끝까지 명분을 지키고자 분전한 김상헌은 충절의 상징으로 부각되어 당대의 선비들에게 추앙을 받았지만, 끝까지 나라를 구하고자 분전한 최명길은 시대 분위기에 밀려 폄하되었고 변절자로 치부되었다.

김상헌의 주장은 '조선의 자존심'을 지키기 위함이 아니었다. 그것은 '사대주의적 자존심'이라고 할 수 있다. 병자호란 이후 선비들은 당시의 시대정신에 충실한 청음의 손을 들어주었다.

『조선왕조실록』에 실린 졸기卒記(죽은 자에 대한 기록)는 김상헌 쪽으로 현저하게 기울었다. 청음의 졸기는 실록에 등장하는 인물 중 가장 자세함은 물론 내내 찬사가 이어진다. "문천상文天祥이 송나라 300년 정기를 거두었다"고 했는데 "세상의 논자들은 문천상 뒤로 동방에 오직 김상헌 한 사람이 있을 뿐이다"라고 사신史臣이 별도로 평가했을 정도다. 김상헌에 비해 최명길의 졸기는 짧고 부정적인 내용이 많다. 한마디로 '화의론을 주장해 청의淸議를 저버렸다'는 논조다. 명분을 저버린 그에 대한 역사의 평가는 냉혹했다.

고위 관리나 학자가 죽으면 『조선왕조실록』에는 죽은 자에 대한 사후 평가인 졸기가 실렸다. 김상헌의 졸기는 6,915자에 이른다. 이는 아주 이례적으로 긴 졸기에 해당한다. 다른 사람의 졸기와 비교하면 알 수 있는 것이, 율곡 이이의 졸기는 "이조 판서 이이李珥가 졸하였다"가 전부였다. 이것이 수정되어 선조 수정본에는 3,444자로 기록되었다. 그래도 청음의 절반에 불과하다. 퇴계 이황은 120자로 서너 줄에 그쳤다. "우찬성 이황이 졸하였다. 자는 경호, 수壽는 70이었다. 영의정에 추증하고 문순이라 시호하였다. 학자들이 퇴계 선생이라 일컬었다. 그의 학문과 사업은 문집에 실려 세상에 전해진다." 그러다 선조 수정본에서 수정되어 2,526자로 늘어났다. 서계 박세당, 다산 정약용, 연암 박지원 등 걸출한 인물들은 아예 졸기가 없다. 이들 모두 실리론을 주창한 실학파들이다. 『조선왕조실록』의 졸기는 대부분 집권 세력 가운

남한산성의 현절사 입구 병자호란 이후 인질로 심양에 끌려가 충절을 지키다 순절한 삼학사인 홍익한, 윤집, 오달재와 김상헌, 정온의 위패를 모신 곳이다. 남한산성에서의 '충절의 리더십'으로 조선 시대를 관통한 명분론의 화신이 된 청음 김상헌. 그는 충절을 지켰지만 비운으로 생을 마치지 않고 83세까지 살았다. 대부분 충절은 죽어 더 큰 영광을 얻지만 청음은 살아서도 한 몸에 영광을 받았다.

데 고위직에 있었던 인물 위주로 썼다. 지배 질서에 도전하는 사문난적이나 정치적 반대파들에 의해 유배를 당한 이들은 대부분 제외되었다.

　권력은 명분도 중요하지만 현실을 토대로 하고 있기에, 병자호란 때 인조는 결국 명분이 아닌 실리를 택했다. 그것은 일시적으로는 살아남을 수 있는 선택이지만 길게는 영원히 치욕으로 남는 죽음의 길이었다. 최명길 또한 헤게모니에서 이기고 영의정에 올랐지만, 길게 보면 얻은 것보다 잃은 게 더 많은 처지였다. 일시적인 죽음보다 영원히 사는 길을 택한 김상헌은 주류 위의 청류로 자리매김할 수 있었다.

'실리'에 먼저 포지셔닝하면 '명분'을 만회하기 어렵다

'장기적인 관점에서 먼저 명분에 포지셔닝하고 실리를 취하라.'

정치는 현실을 먹고살지만 현실 위에는 명분이 있다. 권력은 헤게모니 싸움이지만 궁극적인 승자는 명분론과 선명성을 앞세운 청류의 몫이다. 우리나라 정치에서 여전히 중요한 것은 '선명성'이다. 경선에 불복해 탈당한 정치가는 예외 없이 역사의 뒤안길로 사라졌다. 국민들은 눈앞의 실리를 쫓아 명분을 저버렸다는 판단을 내린다. 정적들 또한 집요하게 파고든다. 청음과 지천은 자신의 입장, 정치적 색채를 확실하게 '포지셔닝'했다. 여기서 포지셔닝을 어디에 하느냐가 새삼 중요함을 알 수 있다. 장기적인 이익을 취하려면 결코 실리에 먼저 포지셔닝을 해서는 안 된다. 정치와 마찬가지로 기업도 먼저 명분에 포지셔닝을 하면 실리는 이후에 자연스럽게 취할 수 있다.

일제 시대 친일파나 매판자본가는 명분보다 실리에 먼저 포지셔닝한 대표적인 사례. 일제 시대에 살아남기 위해 일본인의 돈을 끌어다 기업을 만든 경우가 있다. 요즘에는 일본과 합작회사를 세운다고 해서 비난의 대상이 되지 않지만 일제 시대에는 달랐다. 지금의 대기업 가운데에는 친일 매판자본으로 출발한 경우도 있다. 그래서 오욕의 브랜드를 탈색시키기 위해 막대한 비용을 들여

기업 이미지 개선 작업을 벌이기도 한다. 그래도 역사에 드리운 흔적을 깨끗이 지워내기란 불가능하다. 기업의 사회적 책임을 다한 유일의 유한양행 사례는 먼저 '명분'에 포지셔닝하면 '실리'는 그 이후에 저절로 따라온다는 진리를 보여준다. 또 스웨덴에서 가장 존경받는 기업인 발렌베리 그룹은 창업자부터 5대째 내려오는 동안 조용하면서도 적극적으로 이익금을 사회에 기부한 것으로 유명해 세계적인 청부淸富 기업으로 통한다. 발렌베리 가문은 100여 년 전부터 돈을 벌면 사회에 되돌려주는 것을 원칙으로 삼아, 재단을 통해 수익을 사회에 환원하는 시스템을 구축하고 제도화했다. 수익이 나면 공익재단인 발렌베리 재단에 맡기고, 기업이 막대한 이윤을 남겨도 경영진 개인의 몫으로 돌아가지 않는다.

명문가는 가족뿐만 아니라 사회와 국가와도 좋은 관계를 유지해야 사회적으로 존경을 받을 수 있다. 자신을 부자로 만들어준 사회를 위해 좋은 일을 할 때, 부자는 단순히 돈만 많은 사람이 아니라 그 사회에서 존경받는 부자가 될 수 있는 것이다.

정치든 기업 경영이든 모든 싸움의 양상은 주류끼리의 헤게모니 쟁탈전이라고 할 수 있다. 비주류는 아예 싸움에 끼지도 못한다. 여기서 '주류 위에 청류가 있다'는 사실을 항상 명심해야 한다. 먼저 주류가 되어야겠지만, 이어 '청류'가 되어야 글로벌 기업으로의 도약이 가능하다.

600년 만의 과거 합격과 300년 동안의 영화

단일 가문으로 136명의 문과 합격자(1위)에 15명의 정승 배출이라는
신기록을 세우다.
6명의 대제학과 3대 연이어 왕비를 배출하다.
순조 이후 철종까지 60년 동안 세도정치로 권력의 화신이 되다.

이는 청음 김상헌 가문이 250년의 길지 않은 시간에 이룬 경이
적인 기록이다. 그리하여 김상헌 가문은 '장동김씨'라는 새로운
본관으로 회자될 만큼 크게 가세를 떨쳤다. 장동김씨는 안동김씨
인 김상헌 가문이 서울 자하문 근처의 장동에 터를 잡고 살았다고
해서 얻게 된 별칭이다. 조선 후기에 세도가문으로 이름을 날린
안동김씨는 바로 김상헌에 이르러 가문의 번영이 시작되었다. 안
동김씨는 고려 때 시작되었지만 김상용, 김상헌 형제를 통해 비로
소 세상에 알려지게 되었다. 안동김씨에는 김방경 계열의 또 다른
안동김씨가 있다. 흔히 김상헌을 낳은 김선평계의 안동김씨를 신
안동김씨, 김방경계의 안동김씨를 구안동김씨로 부른다.

고려 초 김선평에게서 시작된 안동김씨는 안동과 풍산 일대에
살면서 600년 동안 단 한 명의 과거 합격자도 배출하지 못했다.
1480년에 김계행이 50세의 나이로 문과에 처음 급제했는데, 김상
헌의 선대는 김계행의 형인 김계권으로부터 출발한다. 김계권의
손자인 김영과 김번 형제가 1506년, 1513년 각각 문과에 합격하

김상헌의 생가 전경 부와 명예, 권력 모두를 차지할 수는 없다. 조선의 지조를 상징한 청음 김상헌과 그 후손들은 정작 생가가 있는 안동 지역에서는 '찬밥' 신세였다. 안동의 주류 양반(남인)들은 권력의 양지만을 추구했다며 청음의 후손들을 양반축에도 끼워주지 않았다.

면서 가문의 기반을 만들었다.

김계권과 김계행 형제는 가는 길이 판이하게 달랐다. 김계권의 후손은 청운靑雲의 길을 간 반면, 무오사화로 정치에 환멸을 느끼고 낙향한 김계행의 후손은 이른바 벼슬 대신 학문을 추구하는 백운白雲의 길을 갔다. 김계행은 '오가무보물 보물유청백吾家無寶物 寶物惟淸白'이라는 유훈을 남겼는데, '우리 집안에는 보물이 없다. 보물은 오로지 청백뿐이다'라는 뜻으로 백운의 길을 암시하고 있다. 김계행의 후손은 대대로 안동에서 학문을 연마하며 소박하게 살았다. 지금도 안동 묵계에는 이들의 후손이 살고 있다. 안동김씨라 해도 벼슬을 하지 못했기 때문에 권력과는 별 관련이 없지만, 오히려 안동에서는 이들 가문이 대접을 받는다. 김상헌을 낳은 김계권의 후손은 안동에서는 양반 대접을 받지 못했다. 그래서 세상은 공평한 게 아닐까. 한쪽이 권력도 누리고 명성도 독점한다면 너무 삭막할 테니 말이다.

안동김씨는 김계권의 손자 김생해가 경명군의 사위가 되면서 서울로 이주해 정착했다. 김계권(한성부판관)은 당시 실세인 권맹손의 사위가 되었다. 권맹손은 세종 때의 문신으로 대제학과 이조판서, 경상도 관찰사를 역임한 인물이다. 김계권은 그의 사위가 되면서 다섯 명의 자식들에게 출사의 길을 열어주고자 부단히 애를 썼다. 그의 손자 두 명(김영, 김번)이 문과에 합격했고, 김번의 아들 김생해가 성종의 아들 경명군(이침)의 사위가 되었다. 김생해는 왕실의 일원이 되면서 상당한 재력을 소유할 수 있었다. 김상헌은 "조부인 김생해에 이르러 비로소 넉넉해졌다"고 썼다. 그리고 재물을 쌓은 후에 인물을 배출한다는 뜻의 '선재후명先財後名'이라는 말이 있듯이, 김생해의 손자인 김상용, 김상헌에 이르러 큰 인물이 태어났다. 이것이 인간사의 드라마틱한 모습이다.

김생해의 아들 김극효는 선조 때 좌의정과 대제학을 지낸 정유길의 사위가 되었다. 또 광해군의 장인인 유자신과 동서간이 됨으로써 권력의 기반을 다지게 되었다. 그의 아들인 김상용과 김상헌이 정승에 올랐는데, 조선 후기의 세도정치는 바로 김상헌의 후손이 주도하게 된다.

병자호란이라는 극심한 혼란은 김상용, 김상헌 형제가 세상에 이름을 드러내는 계기를 마련해 주었다. 마치 영웅이 혼란기에 얼굴을 드러내듯이. 김상용은 후금이 침략하자 왕세자가 피신한 강화도로 가서 순절했고, 김상헌은 남한산성에서 끝까지 항전을 주장하며 조선의 기개를 드높였다. 이로써 김상헌은 지배 권력의 한 축을 형성했던 서인 세력 중 '청서淸西'의 영수가 된 것이다. 청서는 명분론을 주도한 강경파 서인 세력이다. 최근의 정치권에서도 선명성 경쟁이 치열하다. 특히 군부독재 시대에 야당의 강경파는 여당과의 불타협 원칙으로 늘 명분에 앞섰다. 타협은 곧 죽음이었다.

김상헌은 심양에서 풀려나 곧 좌의정에 올랐으며, 그의 후손 중에서 부자 영의정, 형제 영의정, 부자 대제학이 배출되었다. 정승이 모두 15명에 왕비가 3명, 그리고 수십 명의 판서가 쏟아져 나왔다. 먼저 명분에 포지셔닝하면 나중에는 실리까지 독점하게 되는 것이다. 이것이 역사에서 배울 수 있는 산 법칙이라고 할 수 있지 않을까.

큰 인물의 탄생은 그 후손들에게 하나의 역할 모델이 되기에 충분하다. 청음의 증손자인 김수흥, 수항 형제가 나란히 영의정에 오른 데 이어 김수항의 아들은 이른바 '6창'(창집, 창협, 창흡, 창업, 창즙, 창립)으로 정치와 학문, 문학 등 다방면에서 이름을 날렸다. 김상헌 형제의 충절은 그의 후손들에게 무한한 자존감으로 작용했고 그것은 인재의 배출로 나타났다. 비록 왕은 굴욕적인 항복을 했지만, 그것과는 대조적으로 세상은 충절의 정신을 드높인 김상헌 형제를 원했고, 그들은 당대의 영웅이 될 수 있었다.

충절과 겸퇴를 잊고 권력에 빠져들다

안동김씨는 안동 풍산 소산, 서울의 장동, 남양주의 석실, 이렇게
세 곳에 거점을 두면서 성장할 수 있었다. 안동김씨는 먼저 안동
풍산 소산리에서 출발한다. 소산리는 청음 김상헌으로부터 배출
되기 시작한 인재들 산실의 '태실'에 해당된다. 그 뒤 서울의 장
동(효자동과 통의동 사이에 형성된 마을)에 살면서 비로소 인재를 배출하
기 시작했다. 안동김씨들이 청운의 꿈을 이룬 거점이 바로 서울의

김번의 묘 명당이 정말로 존재할까? 청음의 증조부 김번은 김상헌 가문을 명문가로 발돋움하
게 했다. 김번은 이 자리를 생전에 처가에서 거의 뺏다시피 했다.

장동이다. 장동김씨라는 별칭을 얻은 것은 장동에 사는 김씨들의 가문이 크게 번성했기 때문이다. 남양주의 석실은 안동김씨에게 정신적 거점 역할을 한 곳이다. 김훈의 소설 『남한산성』에서는 병자호란을 당해 국왕은 부랴부랴 남한산성으로 피신했는데, 당시 김상헌은 석실에 있었던 것으로 묘사된다. 그는 석실에서 송파나루를 건너 남한산성으로 들어간다.

석실은 남양홍씨 홍심의 거점이었는데 그 손자인 홍걸의 사위가 된 김번이 터를 잡고 살게 되었다. 홍씨가 사는 곳에 김씨가 들어가 살게 됐는데, 지금은 홍씨들은 살고 있지 않다. 청음의 13대 종손인 김성동 씨는 "지금은 홍씨 가문이 남아 있지 않다"고 전했다. 외가가 본가인 홍씨를 밀어내고 석실을 차지한 것이다.

"김번 할아버지가 하루는 처가에 방앗간 자리를 달라고 했습니다. 처가에서는 사위가 달라고 하니까 '다른 땅도 많은데 왜 하필 방앗간터냐'고 물었다고 해요. 알고 보니 그 자리가 바로 명당이었습니다. 처가에서 밤에 몰래 방앗간 자리에 물을 퍼다 부었다고 합니다. 물이 나오니 명당자리가 아니라고 설득하려 했던 거죠. 김번 할아버지는 물이 나와도 좋다면서 우겼고 마침내 그 자리를 얻었습니다. 그곳에 자신의 묘소를 썼는데, 이후 증손인 김상헌부터 인재가 나기 시작했습니다."

종가를 취재하다 보면 명당에 얽힌 이야기를 흔히 듣게 된다. 조상의 묘가 명당이고 조상의 음덕 덕분에 인재가 나올 수 있었다는 것이다. 안동김씨 종손인 김성동 씨가 한 말도 이와 다를 바 없다. 김상헌이 살던 석실은 현재 아파트 숲으로 바뀐 덕소 바로 뒤에 위치해 있다. 신도시가 바로 코앞에 있지만 영화 '웰컴 투 동막골'의 동막골에 온 듯한 착각이 들 정도다. 덕소가 지척이지만 하늘엔 별이 총총히 빛나고 마치 산골에 온 것처럼 적막하고도 아늑하다.

지금 시대에 웬 명당 타령이냐고 하겠지만 명문가들에는 대부분 명당에 얽힌 이야기가 전해온다. 앞에서 언급한 전주류씨의 경우도 그렇다. 청계 김진의 사위인 류성이 요절하자 청계는 자신이 미리 점지해 둔 묘자리를 먼저 간 사위에게 주었다. 학봉가의 종손인 김시인옹은 "사위에게 준 그곳이 명당이었고 그때부터 류씨의 후손이 크게 발복하기 시작했다"고 일화를 들려주었다.

김상헌은 석실에서 벼슬에 나아갔다 물러나기를 반복했다. 김상헌에게 장동이 정치와 삶이 있는 현실의 공간이었다면, 석실은 그 자신을 성찰할 수 있는 피안의 공간이었던 셈이다. 청음 사후 1656년에는 이곳에 석실서원이 세워졌다. 석실서원은 붕당 정국 속에서 노론계의 거점으로, 정치적으로도 중요한 역할을 담당하는 서원으로 발전했다.

하지만 장동김씨는 청음에게서 시작된 충절과 겸퇴謙退의 정신을 어느덧 잊고 권력의 힘에 도취되어 갔다. 『조선왕조실록』에서 사관이 청음 김상헌의 손자인 김수항에 대해 쓴 인물 평가의 한 대목을 보면 오만에 대한 경계의 글이 나온다.

더구나 그의 집안은 대대로 고관을 지내어 문벌이 대단한데 총애와 이익에 대한 경계가 어두웠고, 겸손에 대한 훈계를 소홀히 한 탓으로 부녀자의 사치도 제어할 수가 없었다. 군자들은 진실로 그가 자신의 죄가 아닌 것으로 화를 당한 것을 마음 아파했지만 또 일면으로는 화를 스스로 부른 이유가 없지 않다고 했다.

김수항은 손자들의 항렬을 '겸謙'으로 할 정도로 겸퇴를 중시했다. 온건한 인품을 지녔던 그는 대인관계가 원만하고 매사에 신중하고 겸손하게 처신했다고 한다. 하지만 정작 아내의 사치를 다스리지 못해 사관에게 비난받는 처지가 되었다. 이는 권력의 정상에 선 사람은 자신의 처신뿐만 아니라 가족들의 처신까지도 다스려야 함을 보여준다. 아내나 자녀를 제대로 제어하지 못해 오명을 얻은 권력자나 재력가가 한둘이 아닌 것은 지금의 우리 사회를 봐도 잘 알 수 있다. 남편의 사회적 지위는 그 아내나 자녀가 누릴 수 있는 지위가 결코 아니다.

세도정치의 기틀을 잡은 김조순은 김상헌-김수항-김창집의 직계 후손으로 김창집의 증손이다. 아이러니컬하게도 김조순은 정조의 총애를 받은 당대의 인재였다. 정조는 그에게 원래의 이름인 김낙순 대신 김조순이라는 새 이름을 내릴 정도로 각별히 아꼈고 장차 사돈으로 낙점했다. 하지만 정조가 급작스럽게 죽자 김조순은 '끈 떨어진 연' 신세가 되었다. 온화한 성격의 김조순은 은인자중하면서 기회를 노렸다. 이 시기에 다산 정약용은 권력 투쟁에 희생되어 유배 길에 올랐다. 김조순은 숨을 죽이며 정국의 추이를 틈타 마침내 왕(순조)의 장인이 되었다. 김조순을 사돈으로 삼으려던 정조의 뜻이 그의 죽음에도 불구하고 이루어진 것이다. 이것이 안동김씨 세도정치의 막을 여는 서곡이었다.

청운과 백운의 길

안동김씨 가문이 조선 후기의 정치를 주도하긴 했지만 정작 문묘에 배향되는 대학자는 배출하지 못했다. 다시 말하면 고관대작 등 입신양명을 추구하는 '청운'으로 나아간 이들은 당대 최다였지만 상대적으로 학문을 추구하는 '백운'의 길을 좇은 이는 적었다는 의미다. 김상헌의 손자인 김수증과 김수항의 두 아들 김창흡과 김창협 등이 학자로서의 명성을 남겼다. 김창협은 주자학에 정진해 송시열에게 영향을 줄 정도였다. 김창흡은 부친인 김수항이 영의정으로 있다가 남인 세력과의 반목으로 유배를 당하고 결국 진도에서 죽자 형인 김창협과 함께 학문의 길을 택했다. 영조 대에는 김창협의 손자인 김원행 등이 노론 학계를 주도했다.

기업은 온갖 어려움을 헤쳐나가면서 창업기를 거치면 성장 엔진을 달고 질주하게 된다. 기업화를 거쳐 '재벌'이 되면 무소불위의 권력 앞에 도취하게 되는 것이다. 이때 초심을 잃지 않는 것이 중요하지만 대개는 권력의 유혹에 빠지고 만다. 김조순에 의해 시작된 세도정치는 국왕조차 화병이 나게 할 만큼 무서운 것이었다.

청음 김상헌이 만든 청원루 청을 멀리한다는 의미가 깃든 집이다. 조선은 명나라가 멸망해 가는 '시장 상황'을 외면하고 끝까지 청나라를 멀리했다. 그러다 크게 당했다. 피해는 민중들이 더 컸다. 60만 명이 포로로 끌려갔다. 시장 상황을 외면해서는 모두가 행복한 세상을 만들 수 없다.

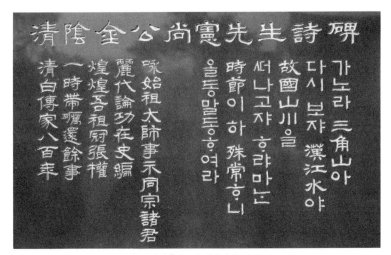

청원루 뜰에 있는 청음의 시조 잘 알려진 「가노라 삼각산아」이다.

권력을 전횡하는 신하들에 둘러싸인 순조는 차츰 숨이 막힐 수밖에 없었다. 11세 때 왕위에 오른 순조는 20세가 되어서도 제대로 왕권을 행사하지 못했다. 순조는 불면증에 시달렸고 밥도 잘 먹지 못했다.『조선왕조실록』에는 순조의 증세를 화병이라고 기록하고 있다. 장동김씨는 대원군에 의해 몰락의 길을 걷기까지 60년 동안 세도정치로 조선 정국을 '유린'했다.

세도정치의 후유증인지 후손들 각자가 권력의 자리에 있어서였는지 안동김씨의 결집력은 다른 가문에 비해 떨어졌다. 세도정치가 막을 내린 지 110여 년이 지났지만 안동김씨의 후손들 역시 세도정치의 유산으로부터 자유롭지 못하다. 그런 흔적은 군데군데에서 발견된다.

청음의 종손 김성동 씨는 한번은 손자가 세도정치에 대해 물어와 가슴을 쓸어내렸다고 한다. "손자가 학교에 갔다 오더니 대뜸 세도정치가 뭐냐고 물었습니다. 교과서에 안동김씨가 세도정치로 권세를 부렸다고 나와 있어 물어본 거죠. 청음은 청백리로 뽑힐 만큼 청빈하게 살았는데 그 한참 뒤의 후손들이 세도정치를 했습니다. 또 세도정치는 종가와는 관련이 없습니다."

안동 풍산 소산리에는 청음 김상헌이 은둔했던 청원루淸遠樓가 있다. '청을 멀리하겠다'는 김상헌의 지조가 깃든 곳이다. 현재 청음의 종손은 청음이 말년을 보낸 석실마을에서 살고 있다. 300년 동안 영화로웠던 석실에 가면 이제는 그야말로 '권력 무상'을 느끼게 된다. 300년의 영화가 엊그제이건만.

세도정치는 김수항-김창집 계열이 주도했다. 청음의 세 손자인 김수증, 김수흥, 김수항 가운데 막내인 김수항과 그의 아들 김창집의 후손에서 세도정치가들이 나왔다. 순조 이후로는 세도정치가 극에 달해 안동김씨들이 권력을 독점했다. 영의정으로는 김흥근, 김좌근, 김병학, 김병국, 김병시가 올랐다. 좌의정에는 김홍근과 김병덕, 우의정에는 김달순과 김이교가 오르는 등 조정 대신 명부는 안동김씨들로 즐비했다. 60년 세도정치를 통해 조정과 지방의 크고 작은 벼슬을 온통 안동김씨와 그 추종자들이 차지했다. 특히 김조순의 아들인 김유근과 김좌근, 김좌근의 아들인 김병기에 이르는 3대에 걸쳐 안동김씨 세력은 하늘을 찌를 듯했다. 조선 팔도에 벼슬하지 않은 안동김씨가 없다고 할 지경이었다.

안동김씨는 조선 역사상 최고의 권력을 전유한 청운의 가문을 상징한다. 최고의 청운 가문이지만 그 후손들에게는 아직도 세도정치의 그림자가 남아 있다. 반면 가문의 자긍심은 백운의 길을 간 가문의 후손에게서 더 짙게 느낄 수 있다. 후손들에게는 선조들의 높은 '자리'가 아니라 고매한 정신적 '문화'가 더 필요한 것이 아닐까. 국가도 기업도 가문도 각각의 고유한 문화를 유지하느냐에 따라 그 평가가 달라질 수 있다.

청운의 길은 부귀영화를 상징하고 누구나 이를 추구한다. 하지만 백운의 길도 긴 시간의 흐름 속에 놓고 보면 큰 의미가 있다는 것을 알 수 있다. 어느 길을 선택하느냐는 각자의 몫이다. 역사를 놓고 보면 청운의 길만이 좋고 백운의 길은 나쁘다고 이분법적으로 단정 지을 수 없을 것이다.

안동김씨에도 노블레스 오블리주가 없었던 것은 아니다. 만주에서 독립운동의 상징으로 통했던 김좌진 장군이 있다. 김좌진은 김상용의 11대손이다.

안동김씨의 세도정치는 대원군 이하응을 끝으로 막을 내렸다. 대원군은 자신의 둘째 아들 이명복(고종)이 왕통을 잇게 되자 혼인을 약속했던 안동김씨 김병학의 딸 대신 고아나 다름없던 민치록의 딸(명성황후)과 결혼하게 했다. 이때부터 안동김씨와 그 추종 세력은 하나 둘 역사의 뒤안길로 밀려났고 세도정치는 막을 내리게 되었다.

안동김씨에 드리워진 세도정치의 그늘은 장동김씨 후손들 모두가 고스란히 감당해야 할 유산으로 남았다. 그것은 권력 독점이 남긴 깊은 후유증이라고 할 수 있지 않을까. 안동김씨가 누린 세도정치의 영광은 일부 후손에게 국한된 일이고 안동김씨의 많은 후손들이 그 혜택을 누리지 못했을 터인데, 그들이 역사에 남긴 그림자는 길게 남아 있으니 말이다.

눈앞의 이익보다는 먼 미래를 보라

김상헌이 내세운 주전론은 명을 숭배하고 청을 야만족 취급하는 것으로 명분론에 입각해 있었다. 그 명분은 결코 사사로운 것이 아니라 국가를 위한 대의적인 것이었다. 이는 군자가 출처出處를 택할 때 가장 중요한 요소다. 만약 사사로운 것이라면 그 명분은 결코 큰 힘과 후광 효과를 얻을 수 없다. 김상헌의 증손인 농암 김창협은『농암집』에서 다음과 같이 풀이했다.

군자의 출처가 어찌 제 한 몸을 드러내고 감추는 것에 불과하겠는가. 필시 장차 무언가 하려는 일이 있는 것이다. 그렇지 않으면 출처가 아무리 때에 맞는다 하더라도 부귀에 미혹되거나 인륜을 저버리고 자연에 묻혀 사는 것과 다르지 않을 것이니, 어찌 숭상할 가치가 있겠는가. 나가서는 무언가 하는 일이 있고 물러나서는 무언가 지키는 것이 있는, 이러한 출처라야 올바르다 할 것이다.

(국역『농암집 4』에서)

김창협이 강조한 것처럼 출처에는 때가 중요하다. 나아가야 할 때 나아가지 않은 것과 나아가서는 안 될 때 나가는 것은 군자가 취할 바가 아니다. 출처에는 자신만을 드러내는 것이 있어서는 안 되고 하는 일과 지키는 것이 있어야 한다. 농암은 "출처는 때에 맞게 하는 것이 중요하다. 나가도 될 때인데 나아가지 않는 것을 국량이 좁다隘고 하고, 나가서는 안 될 때인데 나가는 것을 조급하다躁고 한다. 조급하면 지조를 잃게 되고 국량이 좁으면 인륜을 저버리게 되는데, 인륜을 저버리는 일과 지조를 잃는 일은 군자가 행하지 않는다"라고 거듭 강조한다.

김상헌은 바로 나아갈 때에 나아간 것이다. 자신의 사사로운 이익이나 취향을 위해 나아간 것이 아니라 국가적 위기 앞에 목숨을 내놓으며 나아간 것이다. 그는 야만적인 청나라에 항복하기보다 항전을 부르짖음으로써 국가적 자존심을 견지했다. 국왕은 항복을 해서 국가적 수치를 겪게 했지만 이 때문에 청음의 항전 의지는 더욱 돋보였다. 눈앞의 실리를 좇은 인조는 역사 앞에서 영원히 죽었지만, 장기적인 명분을 추구한 청음 김상헌은 영원히 살 수 있었던 것이다.

우리나라의 경주 최부잣집은 300년간 12대에 걸쳐 존경받은 가문 브랜드의 상징이 되었다. 경주 최부잣집이 내세운 가문 경영 전략을 보면, 한마디로 눈앞의 실리보다 장기적으로 이익을 가져다주는 명분에 포지셔닝하면 저절로 실리가 따라오는 것임을 알 수 있다. 최부잣집의 6훈은 존경받는 부자가 되기 위한 명분들을 포괄하고 있다. 최부잣집의 가문 경영 원칙인 6훈은 '첫째 과거를 보되 진사 이상은 하지 마라, 둘째 재산은 만 석 이상 지니지 마라, 셋째 과객을 후하게 대접하라, 넷째 흉년기에는 땅을 사지 마라, 다섯째 며느리들은 시집온 후 3년 동안 무명옷을 입어라, 여섯째 사방 백 리 안에 굶어죽는 사람이 없게 하라'이다. 최부잣집은 이 원칙을 12대에 걸쳐 지키면서 우리나라에서 가장 존경받는 부자가 될 수 있었다.

명분보다 실리에 먼저 포지셔닝을 하면 그 이후에는 아무리 명분을 앞세워도 훼손된 이미지를 만회하기가 힘들다. 대표적인 예로 세계 4위의 재산가인 이케아 그룹의 창업자를 들 수 있다. 이케아는 직접 조립을 해서 사용하는 가구 업체로 우리나라에도 잘 알려져 있다. 이케아는 발렌베리 그룹과 마찬가지로 스웨덴에서 회사를 창업했다. 창업자인 잉그바르 캄프라드 회장은 스웨덴에서 회사를 운영하다가 막대한 세금을 피해 70년대에 아예 본사를 스위스로 옮겼다. 캄프라드 회장은 세계를 움직이는 억만장자 25인에 선정된 인물이고 또 검소한 생활로도 널리 알려져 있지만 존경받는 기업인으로는 대접받지 못한다.

캄프라드 회장은 팔십 평생을 검약으로 일관한 '구두쇠'로 유명하다. 요즘도 15년 된 볼보 승용차를 손수 운전하고 비행기를 탈 때는 늘 일반석을 고집한다. 그는 "무덤에는 단 한 푼도 가져가지 않을 것을 여러분에게 약속할 수 있다"고 강조하지만 그의 말은 왠지 신뢰가 가지 않는다. 그것은 캄프라드 회장이 명분보다는 실리에 먼저 포지셔닝을 했기 때문일 것이다. 눈앞의 이익을 좇느라 먼 미래를 보지 못한 것이다.

셰익스피어의 『베니스의 상인』에는 막대한 재산을 상속한 벨몬트의 포샤 아가씨 이야기가 나온다. 재산뿐만 아니라 지혜까지도 두루 갖춘 포샤에게 구혼자들이 줄을 잇는다. 그런데 포샤의 아버지는 임종 전 포샤에게 "금, 은, 납으로 된 세 개의 상자 중 하나에 초상화를 넣어두고 그 상자를 고르는 사람을 신랑으로 맞이하라"는 유언을 남긴다. 지혜로운 남편을 구하라는 아버지의 마지막 당부인 것이다. 금 상자와 은 상자가 부귀영화를 상징하는 것이라면 납 상자는 가혹한 시련을 상징하는 것이라고 하겠다.

모로코 왕과 아라곤 왕 등 두 명의 구혼자는 금과 은의 화려한 외양도 외양이거니와 많은 것을 얻을 수 있다는 경구가 적힌 금 상자, 은 상자를 골랐다. 납 상자는 상대적으로 귀금속의 가치가 낮을 뿐만 아니라 모험까지 감수해야 한다는 경구가 적혀 있었기 때문이다. 이들은 겉으로 드러난 가치로 평가하는 것을 경계한 포샤 부친의 의도를 간과한 것이다. 반면 밧사니오는 '보이는 것이 전부가 아닐 수 있다'는 말을 하며 납 상자를 택해 아름답고 지혜로운 신부를 아내로 맞을 수 있었다.

금 상자의 선택이 눈앞의 이익에 현혹된 '단기 투자'라면, 납 상자의 선택은 일희일비하지 않고 멀리 내다보는 '장기 투자'라고 할 수 있을 것이다. 단기 투자를 통해 많은 수익을 올릴 수 있을 것 같지만 결국에는 장기 투자가 더 많은 수익을 올리는 것과 같기 때문이다. 진정한 명문가란 눈앞의 이익보다 멀리 내다보는 안목을 가진 '장기 투자자'에 비유할 수 있지 않을까.

명분은 어느 시대 어느 사회를 막론하고 무시당하지 않는 도덕적인 힘을 지니고 있다. 청음 김상헌이나 경주 최부잣집은 공통적으로 눈앞에 보이는 단기적인 실리보다 희생을 치르더라도 장기적으로 살 수 있는 명분을 선택했다. 병자호란 당시 청음의 선택은 죽음을 의미했다. 그는 죽어 다시 살고자 했다. 그것이 그를 영원히 살게 했고, 그 후손들이 권력을 향유할 수 있는 힘이 되었다.

조선 제일의 헤드헌터, 우복 정경세

미래에 대한 최상의 '보험'은 사람이다

정경세가에서 배우는 인재 경영 – 택서擇壻

"당신 회사는 무엇을 만드는 회사인가?"라는 질문을 받으면,
나는 "사람을 만드는 회사다"라고 답한다.
– 마쓰시다 고노스케

조선 제일의 헤드헌터, 우복 정경세가 실천한 '단계5의 리더십'
– 인재를 구하고 위기를 관리하는 이들에게 주는 5계명

◉ 때로 적진(경쟁자)에서 인재를 구하라

◉ 위기의 시대일수록 중용주의자를 택하라

◉ 정서와 문화를 공유하라

◉ 수제자 같은 이를 곁에 두어라

◉ 주위의 하마평을 새겨들어라

조선 최고의 인재 스카우터

'사윗감 하나 잘 고르면 인생역전이 따로 없다'는 말처럼 요즘 딸 가진 부모들은 아들 가진 부모들이 부럽지 않다고 한다. 여성의 사회 진출이 활발해지면서 딸이 아들 못지않게 성공하고 부모에게 더 잘해주기 때문이다. 아들은 키워봤자 속만 썩인다며 딸 예찬론들을 펼친다. 21세기에 더욱 각광받는 것이 여성형 리더십, 모성형 리더십이다. 남성들도 여자 같은 남자, 엄마 같은 아빠로 변신하지 않으면 경쟁력을 높일 수 없다.

그런데 '사윗감 하나 잘못 고르면 멸문지화를 당한다'라는 말이 있듯이, 조선 중기 이후에는 당쟁이 극심해지면서 결혼을 잘못하면 집안이 풍비박산 나기도 했다. 이때 시작된 것이 '그들만의 리그'다. 당쟁이 본격화된 17세기 이후 조선에서는 결혼할 때도 당파와 당색을 버릴 수 없었다. 죽고 죽임을 당하는 서슬 퍼런 정

경북 상주 외서에 있는 우복 종가 조선 시대의 대표적인 헤드헌터로 서애 류성룡이 꼽힌다. 이
순신과 권율을 발탁해 임란을 승리로 이끈 주역이다. 그 수제자가 우복 정경세다. 우복은 당파
가 다른 동춘 송준길을 사위로 삼아 자칫 영남의 남인 세력들에게 따돌림을 당할 수도 있었다.
중용과 화합은 리더십의 요체로 지금 시대에도 절실한 덕목이 아닐 수 없다. 저 구름은 우복도
보았으리라.

치판이었기에 당파가 다르면 언제든지 원수지간이 될 수 있기 때문이었다. 결혼은 대부분 당파와 당색의 카테고리 내에서 이루어졌다. 아직도 영남 명문가에서는 노론이라고 하면 손사래를 친다. 이렇게 해서 조선 중후기에는 이른바 배타적인 '통혼 문화'가 자리잡기 시작했다.

그런데 당색과 당파가 다른 사윗감을 골라 조정을 발칵 뒤집은 이가 있었다. 그 주인공은 바로 조선 중기 남인의 영수이자 학자인 우복 정경세(1563~1633)다. 우복은 조선 시대에 배출된 몇 안 되는 '헤드헌터'라고 할 수 있다. 그의 스승이 바로 서애 류성룡이다. 인재 선발로 보면 그 스승에 그 제자였던 셈이다.

우복은 경북 상주 청리면에서 태어나, 18세에 상주 목사로 부임한 서애 류성룡의 문하에 들어갔다. 그는 퇴계 이황의 양대 제자인 류성룡과 김성일 가운데 류성룡의 학맥을 잇는 수제자가 되었으며 홍문관 대제학, 이조판서 등을 지냈다.

알려져 있다시피 서애는 무명의 이순신과 권율 등을 발탁해 임진왜란을 승리로 이끈 최고의 공신으로 꼽힌다. 서애는 인재를 키우는 데 누구보다 뛰어난 안목을 가진 인물이었다. 당시 좌의정이었던 서애는 임진왜란 직전 이순신을 적극 천거했고, 선조는 이순신을 종6품 정읍 현감에서 정3품 전라 좌수사로 7품계나 올려 파격 승진시켰다. 요즘으로 보면 중대장급에서 사단장급으로 진급한 것이다. 당연히 파격 인사에 대한 비판적인 여론이 있었지만 서애는 이에 개의치 않았다. 결과적으로 인재를 키우는 서애의 안목이 왜구로부터 조선을 구할 수 있었던 것이다. 서애는 이순신뿐만 아니라 종5품 판관 권율 장군을 5품계 특진시켜 정3품인 의주목사에 기용했다. 이순신과 권율의 인사는 조선 왕조 500년 역사상 전례가 없던 일이었다.

우복 정경세 또한 스승인 서애 못지않게 인재를 발굴하는 혜안을 가졌다. 당시 남인의 영수인 정경세가 발굴한 인재는 훗날 이조판서와 대사헌을 역임한 노론의 거두이자 대학자인 동춘 송준길(1606~1672)이다. 우복은 동춘의 인간됨을 한눈에 알아보고 사위로 삼았다. 우복이 동춘을 사위로 삼은 것은 대단한 뉴스거리가 아닐 수 있지만 그 내력을 보면 결코 그렇지 않다. 바로 당파와 당색에 의해 주도되던 시대였기 때문이다.

송준길은 붕당이 지배하던 정치 질서 속에서 어느 정도 정치적 자율성을 추구한 인물로 평가받는다. 그는 퇴계 이황과 율곡 이이, 사계 김장생의 노선을 동시에 두루 '섭렵'했다. 그의 노선은 율곡 이이, 사계 김장생으로 이어지는 기호학파다. 물론 동춘은 학문적으로는 퇴계를 수용했지만 정치적으로는 율곡의 성리학적 입장을 따랐다. 이는 율곡과 사계를 스승으로 두었기에 갖게 된 그의 태생적 한계였다. 정치는 자신을 키워준 현실을 무시할 수 없기 때문이다.

우복은 어떻게 당파가 다른 동춘을 사위로 맞이할 수 있었을까. 우복에게는 2남 2녀의 자녀가 있었고 그중 막내딸은 마흔을 넘겨 얻었다. 우복은 딸이 스물이 다 되도록 결혼을 시키지 못했다. 그리하여 그는 신랑감을 고르고 또 골랐다. 하지만 당대의 비주류인 그 자신의 당파(남인) 내에서는 마땅한 사윗감을 고르지 못했다. 막내딸 사랑이 지극한 까닭에 막내의 배우자만큼은 당대의 최고 엘리트와 맺어주고 싶었던 것이다. 그러려면 인재들이 몰렸던 당시의 지배 세력인 서인(기호학파)에서 사윗감을 찾아야 했다.

가문을 구하고 세상을 구한 '적과의 동침'

이는 당시 퇴계학파의 수제자였던 우복으로서는 일대 모험이 아닐 수 없었다. 당연히 자신이 속한 당파로부터 눈총을 받게 될 테고 자칫 잘못하다간 기회주의자로 몰릴 수도 있었다. 하지만 막내딸에 대한 우복의 사랑은 이런 우려마저 날려버렸다. 그는 자신의 당파에서 사윗감을 고르다 마땅한 인재를 발견하지 못하자 충청 지역으로 눈길을 돌렸다. 우복은 당시 교류가 깊었던 사계 김장생 (1548~1631)에게 넌지시 인재 추천을 부탁했다. 사계는 기호학파의 예학을, 우복은 퇴계학파(영남학파)의 예학을 대표하고 있었다. 김장생이 예학에 집착한 것은 예학이 양란 이후 무너지는 사회 기강을 바로 잡을 수 있는 학문이라고 여겼기 때문이다.

이들은 서신 교환을 통해 예학에 대해 논쟁을 했다. 이러한 점은 지금도 본받을 만한 아름다운 모습이다. 한번은 우복이 사계의 편지를 받고 다음과 같은 답글을 보냈다.

관청에 출근하는 매인 몸이다보니 한번 찾아가 뵙는 것조차 늦어지게 되었는바, 탄식스러운 마음이 간절한 뿐입니다. 그러던 차에 영감께서 보내주신 서한을 받고 이어 기거가 전승하다는 것을 생각하고는 기쁘면서도 경하하는 마음을 금치 못하였습니다.

『사략史略』의 주註 가운데는 잘못된 것이 아주 많습니다…… 그런데 보잘것없는 저에게까지 물어 주셨으니, 참으로 이른바 많은 지식을 가지고 있으면서도 작은 지식을 가진 사람에게 물으며, 아랫사람에게 묻는 것을 꺼리지 않는다는 것입니다. 몹시 감탄스럽기에 감히 저의 어리석은 소견을 다 말씀드리지 않을 수가 없습니다.

(국역『우복집 2』에서)

우복은 사계보다 나이가 15세 연하였는데, 자신에게 예학을 묻는 사계에게 무한한 존경심을 드러내고 있다. 당시의 첨예한 정치적 라이벌간의 서신이라고 볼 수 없을 정도다. 그런 우복이기에 노론인 사계와 교류하면서 그의 제자인 송준길을 사위로 삼을 수 있었다.

사계의 문하에는 동춘과 우암 송시열, 초려 이우태 등 그 지역의 준재들로 붐볐다. 고심 끝에 우복은 사윗감을 찾아 사계를 찾아갔다. 이때 사계 문하에서 공부중인 송준길을 한눈에 발견하고 딸보다 두 살 연하인 그를 사위로 낙점했다.

우복은 연산에 와서 청년들이 공부하고 있는 학당의 문을 열었다. 이때 방 안에는 세 명의 청년이 있었다. 우암 송시열, 동춘 송준길, 초려 이유태, 이렇게 세 청년이 편한 자세로 쉬고 있던 참이었다. 나이 많은 사람이 예고도 없이 불쑥 찾아와 방문을 들여다봤을 때 세 청년이 취한 태도는 각기 달랐다고 전해진다. 이유태는 바닥에 누워 있다가 벌떡 일어나 문 밖까지 쫓아 나와 우복에게 큰절을 올렸다. 누군지는 모르지만 일단 나이든 어른이니까 큰절부터 올리고 본 것이다. 송준길은 일어나서 옷매무새를 가다듬었다. 하지만 송시열은 방바닥에 그대로 누워 있었다고 한다. 이 3인의 각기 다른 대응을 목격한 우복은 사계에게 다음과 같이 말했다.

이유태는 너무 굽하다. 송시열은 너무 과하다. 어른이 왔으면 일단 일어나기라도 해야 할 것 아닌가. 송준길은 중용지도中庸之道가 있다.

(조선일보, '조용헌 살롱', 2005년 7월 1일자에서)

퇴계와 서애 류성룡의 제자로서 골수 남인 집안인 우복의 가문과 서인 명문인 서계 가문 사이의 파격적 혼사는 이렇게 맺어졌다. 우복은 송준길이 당쟁이 극심한 시대에 요구되는 '중용'의 도를 갖추고 있다고 판단했다. 우복의 눈은 정확했다. 영남의 남인 집안을 처가로 둔 동춘은 노론과 남인이 대립하는 상황에서도 송시열과는 평생을 함께 한 온화한 인물이었다. 장인이 죽자 송준길은 사제의 예를 갖춰 복服을 입었다. 사계 김장생을 스승으로 모시고 공부했지만 장인인 우복에게도 가르침을 받았기 때문이다. 우복의 행장과 연보는 사위인 그가 지었다. 장인이 죽고 처가가 어려워지자 그는 상주로 내려와 10년 동안 처가살이를 했다. 요즘의 핵심 인재 중에 이런 사윗감이 있을까.

1624년에 우복이 딸을 시집보내고 이듬해에 사위인 송준길에 게 보낸 편지에는 학문에 정진하라는 당부와 함께 사위 사랑이 듬 뿍 담겨 있다.

편지를 받아 보고 부모님을 모시는 일과 학문 공부를 잘하고 있다는 것을 알았는바, 매우 위로가 되네. 나는 이미 서장書狀을 갖추어 질 병을 이유로 사직하였기에 우선 당장은 그럭저럭 편안하게 지내면서 때때로 예전에 닦았던 학업을 다시 익히매 맛과 취가 있음을 깨닫 겠네. 그러나 몸이 쇠약해짐이 이미 심하여 정력이 능히 감당해 내 지 못하기에 허송세월을 보내며 탄식만 토하고 있네. 이 때문에 그 대가 지금처럼 한창이고 힘이 강한 시절에…… 나처럼 그럭저럭 세 월만 보내다가 때가 지난 다음에 후회하는 일이 없도록 하기를 간절 히 바라는 것이네. 나의 이런 마음은 몹시 간절하니, 심상하게 듣지 않는다면 다행이겠네.

(국역 『우복집 2』에서)

우복은 사위 동춘과 예학에 대해 수많은 서신을 주고받았다. 주 로 사위인 동춘이 질문하면 장인 우복이 답변을 하는 방식이었다. 예학이라면 동춘의 스승인 사계 김장생에게 물을 수도 있었을 터 인데 당색이 다르고 스승이 다른 우복에게 문의를 한 것이다. 이

400년 동안 자리를 지키고 있는 우복 종가의 장독대

는 우복이 동춘에게 기대를 걸었던 것처럼 어느 한쪽으로 치우치
지 않겠다는 중용의 의지가 아니었을까.

　동춘은 노론 세력으로서 당시 청음 김상헌과 그의 자손들과도
밀접하게 교류하고 있었다. 또 같은 당파인 우암 송시열과 평생
노선을 함께 했지만 그의 전횡을 견제하는 역할을 하기도 했다.
우암은 동춘이 죽자 결국 자신도 사약을 받았다. 라이벌이 사라지
면 영원히 권력을 장악할 것 같지만 끝내는 권력 독점의 함정에
빠지고 마는 것이다. 송준길이 죽은 뒤 『조선왕조실록』에 장문의
졸기가 실렸는데 우암 송시열의 졸기보다 더 길다. 졸기를 보면
동춘이 얼마나 중용에 부합한 인물인지 알 수 있다.

그가 죽자 태학의 유생들이 서로 거느리고 거애擧哀를 하였으며, 관서官署이건 초야草野이건 서로 조문하지 않은 이가 없었고, 여기저기서 장례식에 모인 자들이 거의 1천 인이었다.

준길은 타고난 자질이 온후·순수하고 예법과 태도가 탁 트여 그를 바라보면 빙옥氷玉과 같았고…… 이 문순공 이황李文純公李滉을 평생 사법師法으로 삼았다.

당색을 떠나 송준길을 사위로 삼은 우복 정경세의 혜안이 놀라울 따름이다. 우복은 당파와 당색을 떠나 사윗감을 찾았기에 당대 최고의 인재를 고를 수 있었다. 이는 당시의 정치적 상황에서는 생각할 수 없는 파격이었다. 동춘 역시 파격적인 인물이었다. 그는 송시열과 함께 노론의 영수였지만 노론의 반대파 영수인 이황을 평생 스승으로 모셨다.

우복의 예견대로 동춘은 동문수학한 우암과 더불어 동국 18현으로 문묘에 배향되어 스승인 율곡, 사계와 어깨를 나란히 하고 있다. 우복과 같은 개방형 인재 스카우터가 그리운 시대다.

위기 때 빛나는 '중용'의 가치

우복은 정치적으로나 학문적으로나 독특한 위상을 지닌 인물이다. 조선 시대는 16세기 말부터 시련기에 접어든다. 당쟁과 임진왜란, 광해군과 인조반정, 정묘호란 등 커다란 사건의 연속이었

솟을대문을 들어서면 먼저 반기는 사랑채 산수헌 조선 시대
담론의 중심 공간 역할을 한 사랑채에는 인적이 끊긴 지 오
래다. 기업에서 고택을 체계적으로 활용하는 회사를 운영
하면 새로운 차원의 고가문화를 만들 수 있지 않을까 생각
해 본다. 삼부토건이 경주에 한옥 호텔을 운영하는 것처럼
새로운 전통 비즈니스 모델이 되지 않을까.

다. 유학의 흐름도 퇴계 이황과 율곡 이이에 의해 두 갈래로 나뉘
었고 각각 퇴계의 영남학파와 율곡의 기호학파를 형성했다. 그 제
자들 또한 학문뿐만 아니라 정치에서도 당파를 형성했는데, 영남
학파의 동인과 기호학파의 서인이었다. 동인은 이후 남인과 북인
으로 갈라졌고, 서인은 노론과 소론으로 나뉘었다.

두 학파는 정치적인 대립과 아울러 학술상의 대립을 지속했다. 이로 인해 두 학파는 같은 인물을 놓고도 서로 극단적으로 다른 평가를 내렸다. 영남학파 쪽에서 신봉하는 인물은 기호학파 쪽에서 멸시하고, 기호학파 쪽에서 중시하는 인물은 영남학파 쪽에서 비난했다. 이러한 와중에 영남학파의 중심에 서 있으면서도 서인들에게 극단적인 배척을 당하지 않고 오히려 존경을 받는 특이한 위치에 있던 사람이 다름아닌 우복 정경세다.

우복은 영남학파의 영수로만 머물지 않았다. 그는 이를 넘어서, 기호학파와 영남학파가 날카롭게 대립하고 있던 상황에서 당시 학자로서는 보기 드물게 두 학파간의 가교 역할을 했다. 그것은 우복의 교유 범위와 인맥을 보면 쉽게 알 수 있다.

우복은 당대의 명사답게 교유관계가 서울뿐만 아니라 전국에 걸쳐 광범위하게 형성되어 있었다. 스승인 류성룡을 비롯해 정구, 장현광 등 영남학파의 중진들은 물론 영남의 지인들과 각별한 관계를 맺고 있었다. 더 나아가서는 서인 계열에 속하는 김장생을 비롯해 이덕형, 최명길 등 중앙의 명사들과도 두루 교류했다. 율곡학파의 중심인물인 사계 김장생과 특별한 교분을 맺으면서 예설禮設과 경서經書에 대한 잦은 논의를 통해 기호학파와 영남학파 간 학문적 견해의 간격을 좁히고자 했던 것이다.

미래에 대한 최상의 '보험'은 사람이다

우복의 리더십이야말로 '화합의 리더십'이라고 할 수 있다. 이는 동춘 송준길을 사위로 삼은 데서 그대로 드러난다. 당시 영남학파는 기호학파와 혼인관계를 맺지 않았다. 영남학파는 영남학파끼리 기호학파는 기호학파끼리 통혼을 하는 것이 관례였다. 그런데 영남학파의 영수였던 우복이 서인의 영수 집안과 통혼을 한 것이다. 회덕 출신의 송준길은 송시열과 더불어 나중에 '양송'으로 불린 서인의 영수가 되었다. 지역적으로 영남과 호서 사이에, 정파상으로는 남인과 서인 사이에 통혼이 이루어진 것이다.

우복의 학문은 통혼을 통해 사위이자 기호학파의 핵심 인재인 송준길에게 많은 영향을 끼쳤다. 율곡학파인 송준길은 누구보다 먼저 퇴계학을 깊이 체득해 퇴계를 칭송하기에 이르렀다. 그것이 인연이 되어 율곡학파 중에서도 퇴계의 이론을 받아들이고 퇴계의 사상을 새로 평가하려는 학자들이 계속 나타나게 되었다. 퇴계학파와 율곡학파의 인적 교류, 나아가 양 학파간 상호 이해의 심화를 가능케 한 사람이 바로 우복 정경세였다.

우복의 이러한 리더십은 그가 죽은 후에도 그대로 드러났다. 사위인 동춘은 우복의 연보와 행장을 지었다. 게다가 당시 남인과 적대관계였던 우암 송시열은 우복 정경세의 시장諡狀(재상이나 유교에 밝은 사람들에게 시호를 내리도록 임금에게 건의할 때 그가 살았을 때의 일들을 적어 올리던 글)을 지었다. 우복의 사위인 동춘이 우복의 연보와 행장을 지은 것은 당연한 일이었다 해도, 당시 상황으로 볼 때 서인의 영수인 우암이 남인의 영수인 우복의 시장을 지은 것은 아주 이례적인 일이었다.

송시열이 정경세의 시장을 지은 것은 40년 지기 친구인 윤선거의 묘갈명을 성의 없이 적은 것과는 대조적이다. 송시열은 자신이 사문난적이라고 비판한 윤휴를 윤선거가 적극 옹호하자 친구관계를 청산했다. 그리고 윤선거가 죽은 후 묘갈명을 성의 없이 적어 아들 윤증의 분노를 샀다. 윤증은 스승인 송시열의 유배지까지 찾아가 글의 수정을 부탁했으나 송시열은 끝내 고사했다. 그런 점에서 우복이 첨예한 정파간의 다툼 와중에도 중용지도를 실천하며 얼마나 잘 처신했는지 짐작할 수 있다.

우복은 극단적인 당파적 대결이 아닌 상생을 추구했다. 사윗감을 경쟁의 관계에 있는 당파에서 구한 것은 이를 상징적으로 보여준다. 이를 통해 정파는 달랐어도 서로 상생으로 나아갈 수 있었던 것이다. 이것이야말로 요즘 기업 경영이나 국가 경영에서 요구되는 인재 경영, 상생 경영이다.

우복 정경세 가문을 연구한 김학수(한국학 중앙연구원 전문위원)는 노론의 영수를 사위로 둔 우복 가문은 다른 남인 가문에 비해 영남에서 정치적 외풍을 덜 받고 후손들이 학문에 힘쓰며 가격家格을 이어갈 수 있었다고 분석한다. 김학수는 "송준길과 진주정씨의 혼인 그리고 우복 사후 10년 동안의 상주우거(임시 거주)는 우복 가문의 정치적 향배와 관련해 중요한 의미를 지닌다"고 강조한다.

송준길은 직계 자손들도 현달하였지만 외손 가계도 매우 번성해 숙종비 인현왕후와 노론의 중진인 민진원이 그 외손이었다. 우복 가문과 여흥민씨 사이에 송준길을 매개로 인척관계가 형성된 것이다. 후일 남인들의 정치적 영락 속에서도 우복 가문이 순탄하게 벼슬살이를 하고 정치적 외풍을 크게 받지 않은 것도 노론 명가들과의 척분(성이 다르면서 일가가 되는 관계)과 전연 무관하지는 않을 것이다.

(김학수, 「상주 진주정씨 우복 종택 산수헌 소장 전적류의
내용과 성격」(논문)에서)

우복의 후손들은 학문을 하거나 과거를 통해 벼슬길에 나아갔다. 우복의 아들 정심은 문과에 합격해 앞날이 보장되었으나 전염병으로 요절했다. 이 무렵 동춘이 상주로 내려와 살았는데, 이때 흥암서원이 건립되어 영남 노론의 중심 역할을 했다. 우복 가문은 서애 류성룡의 제자로 남인 가문이지만 노론 가문들과도 교류했다. 정심의 아들 정도응은 서애의 셋째 아들 류진의 사위이자 회재 이언적의 외증손으로, 영남 명문가들과 혼맥관계를 맺었다. 이 또한 우복 가문의 든든한 울타리 역할을 했다. 정도응은 30대에 이미 학행이 널리 알려질 정도였는데, 영조는 현재 우복 종택이 있는 우산리 일대에 사패지(나라에 큰 공을 세운 왕족이나 벼슬아치에게 내린 토지)를 내려 대대로 살게 했다.

우복의 6대손 정종로는 정조의 신임을 받을 정도로 학문이 뛰어났고 문장가로도 명성이 높았다. 정조는 유지를 내려 그의 출사

동춘 송준길의 학문과 덕행을 기리는 흥암서원 퇴계의 제자들이 패권을 장악한 영남에도 노론의 영수를 기리는 서원이 있었으니 그곳이 바로 흥암서원이다. 관용의 미덕을 느낄 수 있는 곳이다. 우복 종가 인근의 상주시 연원동에 있다.

를 종용하였고 사헌부 장령에 임명하기도 했다. 이 밖에 정동규, 정의묵 등이 과거에 급제해 벼슬길에 나아갔다.

새로운 종가 문화 전도사로 나선 신세대 종손

우복의 삶은 요즘의 '노마드(nomad, 유목민)'를 연상케 한다. 프랑스의 저명한 경제학자 자크 아탈리에 따르면, 전통사회에서의 노마드는 사회의 주변부 세력, 일탈자로 간주된 개념이다. 우복 정경세는 대제학을 지냈고 또 기호학파의 김장생과 함께 17세기 조선 예학의 중심에 선 대학자이자 정치가였지만 스스로 권력의 주변부로 내려와 노마드적 삶을 자처했다. 당쟁이 격화되면 권력을 버리고 초가삼간에 은거를 택함으로써 사회적 지위를 스스로 반납했다.

우복은 당쟁이 격화되자 벼슬을 버리고 한양을 훌쩍 떠나 낙향했다. 다시 벼슬길에 오른 우복은 반대파에게 탄핵을 받자 또다시 벼슬을 버리고 한양을 떠났다. 그리고 고향집에서 20킬로미터 정도 떨어진 상주 외서면에 정착해 초옥을 짓고 후진 양성에 힘을 쏟았다.

우복의 삶은 사회적 지위로 인해 불안에 시달리는 현대인들에게 많은 점을 시사한다. 소설 『불안』을 쓴 알랭 드 보통은 현대인의 불안 징후를 '사회적 지위로 인한 불안'이라고 설명한다. 불안은 다른 사람들에게 주목받기 위해 사회적 지위를 끝없이 추구하는 자본주의적 산물이라는 것이다. 그는 사람들이 끊임없이 부를 축적하려는 이유도 재산이 많은 사람에게 보다 관심을 갖게 되고 주목하게 되는 데서 찾고 있다.

알랭 드 보통의 주장처럼 대부분의 현대인들은 끝없는 불안을 불러오는 지위를 얻기 위해 투쟁한다. 사회적 지위가 없으면 마치 폐차 직전의 자동차처럼 아무도 눈길을 주지 않기 때문이다. 그것이 바로 오늘을 살아가는 직장인들의 딜레마일 것이다. 보통은 "지위를 탐하지 말고 불안을 경영하라. 그렇지 않으면 불안에 사로잡힐 것이다"라고 강조한다.

우복 정경세의 삶은 불안의 근원이 되는 사회적 지위를 던져버림으로써 불안에서 자유로울 수 있다는 것을 보여준다. 그것은 불

대학자 우복 정경세가 제자를 가르치며 살던 초가집 버리면 더 큰 것을 얻을 수 있을까. 정경세
는 벼슬을 그만두고 고향으로 가다 산수 좋은 이곳에 임시 초막을 짓고 정착했다. 초가집은 우
복이 살던 집이고, 지금의 종가는 우복의 5대손이 영조 때 지은 것이다.

안으로부터의 도피가 아니다.

우복이 초옥을 짓고 후학을 양성하며 살던 곳에는 지금 우복의 15대 종손인 정춘목 씨가 어머니 이준규 씨와 함께 종가를 지키며 살고 있다.

우복 종가 입구에는 문화재로 지정된 방 한 칸짜리 초옥이 있다. 우복은 단출한 초옥에서 제자를 가르치며 청빈한 선비의 삶을 살았다. 그는 스승인 서애가 집 한 칸도 남기지 않고 청빈하게 살다 세상을 뜨자 그를 추모하는 시를 지었는데, 우복 역시 스승인 서애에 뒤지지 않았다.

40대 초반의 젊은 종손 정춘목 씨는 대학을 졸업하자마자 고향 집으로 돌아왔다. 그 누구도 그에게 고향으로 돌아가 종손으로 살 것을 강요하지 않았다.

"우리나라는 서구화에 밀려 소중한 것을 모두 잃어버렸습니다. 자긍심까지 내팽개칠 정도로 우리의 정신마저 서구의 정신으로 바뀌었어요. 그러면서 유럽, 미국의 왕실이나 명문가, 귀족에 대해서는 찬사를 늘어놓습니다. 미디어가 앞장서서 그렇게 유도하고 있죠. 우리나라에는 명문가가 없다고 조장할 정도예요. 사람들도 명문가나 종가를 말하면 이상하게 쳐다볼 정도니까요. 더러 저를 원숭이처럼 보는 사람도 있습니다."

정춘목 씨는 우리가 우리 자신을 비하하거나 업신여기면 결국 그 손해는 우리 자신들에게 되돌아온다고 말한다. 그럼에도 우리에겐 상대의 존재를 인정하려 하지 않는 잘못된 전통이 있다는 것이다. 외국의 왕실과 명문가에 대해서는 예찬을 하면서도 정작 우리의 조선 왕실과 명문가에 대해서는 폄훼하는 경향도 있다. 정춘목 씨는 "우리나라에도 수백 년 된 전통이 있고 그 전통에는 도덕적이고 교훈적이고 본받아야 할 가치들이 많다"며 "우리도 지켜야 할 가치가 있는 전통은 소중히 여겨야 한다"고 강조한다. 그가 고향을 떠나지 않는 것도 바로 이러한 아쉬움 때문이다.

　정춘목 씨는 몇 년 전 종가 뒷산에 납골당을 만들어 우복의 후손들에게 제공하고 있다. 우복동산이 다시 추모의 공간을 넘어 만남의 공간으로 거듭나고 있는 것이다. 젊은 종손이 종가의 역할을

우복의 15대 종손 정춘목 씨

새로운 시대 상황에 맞게 개선해 나가자, 종가가 문중의 새로운 구심처로 자리매김하고 있다. 이는 젊은 종손이 아니면 할 수 없는 일이다.

정춘목 씨의 경우 종가 문화가 고답적인 이미지와 엄숙주의를 털어내고 발전적으로 계승되면 나름대로 경쟁력 있는 전통문화로 거듭날 수 있음을 보여준다. 세계화 시대, 가족 해체 시대에도 뿌리의식은 여전히 사라지지 않을 것이다. 종가 문화가 진취적으로 계승된다면 뿌리 없이 흔들리는 오늘날의 개인주의 문화에 '보완재' 역할을 할 수 있으리라 여겨진다.

세상을 구하려거든
먼저 '큰 인물'을 구하라

공자에게는 72명의 '홍보 마케터'가 있었다. 이들 72명은 공자 생
전과 사후에 중국 대륙을 돌아다니면서 스승인 공자의 사상을 알
렸다. 그 가운데 부유한 상인이었던 자공은 가난한 공자를 평생
후원하면서 각별한 사제관계를 유지했다. 자공 덕분에 공자는 20
년 가까이 여행을 다닐 수 있었다. 하도 여행을 많이 다녀서 사람
들은 여행광인 공자를 비꼬기도 했다. 하루는 공자와 여행중이던
제자가 시골 농부에게 나루터가 어디 있느냐고 묻자 "만날 여행
을 다니는 공자가 더 잘 알 텐데 왜 묻느냐"고 비아냥거릴 정도였
다고 한다.

공자는 여행을 통해 세상 이치를 깨우쳤다고 할 수 있을 만큼
엄청난 여행광이었다. 공자는 52세에 여행에 나서 무려 14년 동
안이나 여행을 했다. 요즘에도 이런 여행을 한다면 천하의 이치를
깨우치고도 남지 않을까. 누구나 여행을 떠나고 싶어도 비용이 문
제일 것이다. 하지만 공자는 제자 자공이 스폰서 역할을 충실히
해주어 마음껏 여행을 다닐 수 있었다.

공자와 자공의 관계에서 알 수 있는 것은 큰 인물을 알아보는

공자의 '인재 중시'의 눈이다. 공자가 만약 자공을 한낱 돈만 많은 상인쯤으로 여기고 무시했다면 제대로 된 사제관계를 맺지 못했을 것이다. 자공 또한 때로는 '무식하다'며 구박을 당해도 스승과 끝까지 함께했다. 신분의 차별을 두지 않고 제자를 받아들인 공자는 상인인 자공을 가까이 두고 아꼈다. 만약 공자가 자공을 만나지 못했다면 공자의 삶 또한 많이 달라졌을지 모른다. 공자의 삼년상이 끝난 뒤 다른 제자들은 공자의 무덤가를 떠났지만 자공만은 다시 초막을 짓고 삼년상을 한 번 더 치렀다.

공자에게 3천여 명의 제자와 이 가운데 학식이 뛰어난 72명의 제자가 없었다면 공자의 사상이 지금까지 세상을 밝힐 수 있었을까. 세상을 구한 것은 공자라기보다는 공자의 제자들이 아니었을까. 공자는 자신의 정치적 이상을 실현하지 못해 어쩌면 '실패한 인생'을 살았다. 하지만 수많은 제자들이 있었기에 그의 정치적 이상주의는 시공간을 넘어 중국 전역으로 퍼져 나갈 수 있었다. 공자의 제자들이 공자사상의 '전도사' 역할을 톡톡히 했던 것이다. 요즘도 이른바 '입소문 마케팅'이 큰 위력을 발휘한다.

공자가 2500년의 시공간을 뛰어넘어 살아 있는 것은 바로 그 제자들이 있었고, 그들이 공자의 정신을 기려오고 있기 때문이다. 마찬가지로 예수가 서구의 지배적 사상이 될 수 있었던 것 역시 그의 열두 제자의 역할이 컸다. 제자들은 『신약성서』를 지어 예수의 생전 모습과 행적을 널리 알렸다.

우리나라의 경주 최부잣집은 존경받는 부자의 상징으로 통한다. 경주 최부잣집이 300년에 걸쳐 전국적으로 존경받는 부자 가문으로 회자된 데에는 경주 최부잣집의 사랑방을 찾은 과객들의 입소문 마케팅에 힘입은 바가 컸을 것이다.

이전에는 뛰어난 제자나 똑똑한 자녀가 없이는 스승이나 부모의 정신을 온전히 이어갈 수 없었다. 전통사회에서 문집이나 서책은 사후에 발간할 수 있는 것이어서, 똑똑한 자녀와 제자를 두지 않고서는 문집이나 전기가 출간될 수 없었다. 죽은 자의 평전은 사후에 그 후손과 제자들이 모여 죽은 이를 기리며 출간했던 것이다. 그것이 전통사회의 출판 문화였다.

자녀나 제자를 가르치는 후학 양성은 학문과 사상을 대대로 이어갈 수 있는 가장 유효한 수단이었다. 대표적인 경우로 퇴계 이황의 인적 네트워크를 들 수 있다. 퇴계는 조선 시대 최고의 학자로 우뚝 섰을 뿐 아니라 진성이씨 가문을 우리나라 최고의 가문으로 물려주었다. 이런 점에서 퇴계는 대표적인 가문의 기획자이자 CEO로 꼽을 수 있다.

퇴계가 특히 손꼽히는 이유는 450여 년 전에 이미 '인적 네트워크'를 만들었기 때문이다. 인적 네트워크는 요즘의 최고 경영자나 직장인들에게 가장 중요한 덕목으로 통한다. 또한 공자의 제자들과 마찬가지로 퇴계의 300여 명 수제자들도 각자 퇴계의 학문과 정신을 알리는 홍보 마케터가 되었다. 그의 수제자들은 지금까지도 그 학맥을 이어오고 있다. 조선 시대에 가장 뛰어난 대학자 중 하나였던 퇴계 이황은 어떻게 보면 세속적이라고 할 정도로 인적 네트워크 교육에 앞장섰다.

퇴계의 인적 네트워크는 퇴계 사후 영남학파라는 조선 시대 최고의 학파를 형성시켰다. 그런데 이보다 더 눈길을 끄는 것은 이 인적 네트워크를 통해 제자들이 다시 수많은 제자를 배출하면서 스승과 제자의 관계를 맺게 되었다는 것이다. 400년을 이어온 퇴계의 학맥도에 오른 제자들이 무려 700여 명에 이른다. 기업 경영에 비유하자면 이들은 창업자와 가장 코드가 잘 맞는 핵심 인재들이자 '마케팅 전사'라고 할 수 있다.

퇴계는 학문하는 사람을 좋아하고 존경했다. 아들뻘인 스물여섯 살 연하의 기대승과 서신을 통해 논쟁을 벌이면서도 깍듯이 예의를 갖추었다. 제자를 벗으로 대했고 아무리 어린 사람이라도 '너'라고 부르는 법이 없었다. 제자에 관한 언짢은 꿈을 꾸면 그의 안부를 염려하는 편지를 보내고, 곤궁한 제자가 있으면 곡식을 보내주었다. 퇴계의 이런 처신과 배려가 도산서원에 제자들이 구름처럼 몰려들게 만들었고, 마침내 조선 시대 최대의 인적 네트워크를 만든 것이다.

퇴계는 벼슬은 자신이 아니어도 다른 사람들이 할 수 있는 일이므로 '스스로 학문을 닦아 착한 사람을 많이 키워내는 교육사업'에서 자신의 역할을 찾았다고 한다. 퇴계는 교육사업을 선택해 이후 수많은 인재를 길러내면서 요즘 기업 경영의 키워드가 되고 있는 '선택과 집중'을 몸소 실천했고, 아울러 '인재 경영'의 초석을 놓았던 것이다.

우복 정경세를 있게 한 것도 그 출발점에는 퇴계 이황과 그의 제자 서애 류성룡이 있었다. 서애의 제자가 우복 정경세이고 그의 학문의 뿌리는 역시 퇴계로 거슬러 올라간다. 우복의 사위인 동춘 송준길은 율곡 이이를 구심점으로 하는 노론의 영수였지만 퇴계 이황을 평생 스승으로 삼았다.

퇴계는 무려 100명에 가까운 친인척 자녀들을 돌보면서 교육에 앞장섰다. 그 후손들이 자라 퇴계의 정신을 이어가면서 가문을 빛냈고, 다시 그 후손들이 1970년 초에 '퇴계학연구소'를 설립해 전 세계에 퇴계의 학문 세계를 알리는 데 앞장서고 있다.

요즘 몇몇 기업들은 당장의 인력 운용에만 치중한 나머지 임직원들의 재교육을 소홀히 하는 경향이 있다. 심지어 대학원에 진학하면 업무에 지장을 준다며 불이익을 주는 곳도 있다. 이런 기업이 미래에 경쟁력 있는 인재를 확보하기란 어려울 것이다.

우복 정경세는 인재 스카우터인 서애 류성룡의 수제자답게 당색에 연연해하지 않고 사윗감을 골랐다. 그것이 바로 큰 사람을 얻고 세상을 구하는 길이었다.

8장

시대를 앞서 간 실용주의 가풍, 명재 윤증

400년 전에
경영학을 가르치다

윤증가에서 배우는 지속가능경영 - 종학당宗學堂과 사창社倉

선비가 빈둥거리고 노는 버릇은 패가망신하는 병폐이니
지금부터는 모두가 농사짓거나 장사하거나 또는 베를 짜면서 생업에 힘쓸
것이며, 공부하는 사람은 아침에 나가 일하고 저녁에 책을 읽도록 하여라.
— 윤황, 『계제자서』에서

조상의 적선에 대한 보답으로 후손이 경사를 받는다積善之家 必有慶事.
— 『주역』에서

시대를 앞서 간 실용주의 가풍, 명재 윤증이 실천한 '단계5의 리더십'
－배려의 삶을 추구하는 이들에게 주는 5계명

◉ 임시방편이 아니라 제도화(시스템)하라

◉ 규칙을 중시하라

◉ 규칙은 조목조목 명문화해 지속 가능하게 하라

◉ 생활에 실용적인 과학을 접목하라

◉ 불합리한 관행은 과감히 없애라

시 대 를 앞 서 간
실 용 주 의 가 풍,
명 재 윤 증

17세기에 경영학을 가르친 실용주의 가풍

우리나라에는 이미 400년 전에 학교를 만들어 '경영학'을 가르친 가문이 있었다. 다름아닌 조선 최고의 백의정승으로 이름난 명재 윤증(1629~1724) 가문이다. 명재 윤증은 명분이 앞선 조선의 정치 현실에서도 실리를 추구한 인물로 선비정신을 상징한다. 우의정을 제수받고 올린 사임 상소가 18번이고, 판중추부사 사임 상소가 9번이다. 윤증이 사직 상소를 올리면 왕은 승지를 보내거나 사관을 보내어 그를 불렀다. 하지만 명재는 끝내 벼슬길에 나아가지 않아 '백의정승'으로 불렸다.

명재가는 다른 명문가에서는 찾아볼 수 없을 정도의 실용적인 가풍을 지닌 까닭에 경영학적 관점에서 특히 주목받고 있다. 먼저 요즘의 경영학에 해당하는 '이재理財'를 교육했다는 점이 꼽힌다. 요즘의 경영학인 이재 과목을 개설해 공부하고 토론한 것이다.

명재 가문이 이재를 가르친 것은 당시 시대 상황에 대한 반성에서 비롯되었다. 그가 살던 17세기는 병자호란으로 피폐했던 시대로, 이재의 교육은 당시 조선에서 가장 절실한 실용주의 정신을 진작시키기 위함이었다. 실용주의라는 새로운 시대정신을 앞장서서 수용해 후세들에게 공부시켰던 것이다. 이는 명재 가문이 그만큼 실용적인 학풍과 가풍으로 가문 경영을 했다는 것을 반증한다. 상업을 천시하고 성리학적 명분론에 집착한 당시의 시대 상황에서 돈을 관리하는 법을 가르쳤다는 사실은 당시 분위기로 보아 상당히 파격적인 일이 아닐 수 없다.

논산시 노성면 교촌리에 있는 명재 윤증의 고택 300여 년 전에 이미 건물 구조나 배치 하나하나를 과학적인 시스템으로 설계했다.

명재 가문이 이재를 가르칠 수 있었던 것은 바로 체계적인 교육 시스템을 가문 차원에서 이미 갖추고 있었기에 가능했다. 그것이 바로 1628년에 만든 종학당宗學堂이다. 종학당은 관학인 성균관과 대조를 이루는 문중의 사립학교로, 내외척, 처가 등 3족의 자제들을 모아 합숙 훈육한 교육기관이었다. 10세 아이부터 과거를 준비하는 청소년들까지 연령과 학업 수준에 따라 단계적으로 공부할 수 있도록 체계적인 프로그램을 마련했는데, 교육 과정을 보면 초중고에서 대학 과정, 나아가 고시 준비까지 포함하는 규모였다. 이와 같은 체계적인 교육기관은 다른 데서는 찾아보기 어려운 것이었다.

종학당은 명재가에서 문중의 자제를 교육하기 위한 목적으로 세운 것으로, 당시에는 전혀 새로운 패러다임의 사립 문중 학교였다. 당시 공교육으로 서울의 성균관과 지방의 향교, 사립학교로는 서원과 서당이 있었지만 한계가 있었기 때문이다. 양반가의 자제들은 대부분 스승을 두고 과외를 했는데, 명재 가문은 당시 사교육의 폐해를 타개하기 위한 방편으로 문중 학교인 종학당을 설립한 것이라고 할 수 있다. 종학당의 건립은 명재가가 처음 선보인 시스템적 접근이라고 하겠다. 이때부터 명재가는 자녀 교육의 기틀을 세우고 체계적으로 교육할 수 있었다.

이것은 '가문의 기획자'가 있었기에 가능한 일이었다. 명재 가문에 가문 교육의 토대를 놓은 이는 명재의 백부인 동토 윤순거(1596~1668)로, 그가 바로 가문의 인재 산실 역할을 해온 종학당을 세웠다. 윤순거는 아우인 윤선거(명재의 부친)와 함께 종학당을 건립하는 한편 '종약'을 만들었다. 종약은 가문의 규율과 학칙을 명문화한 주역이다.

먼저 종약을 통해 가문 헌법을 명문화했다. 종약에는 아주 구체적으로 종학당의 운영 지침을 명문화해 놓았다. 종학당에서는 일반 서원이나 서당과는 달리 교육 과정과 목표를 설정하고, 종약의 철저한 규칙과 규율 아래 체계화된 프로그램을 가지고 교육을 시켰다.

종학당의 교칙은 엄격했다. 먼동이 트기 전에 일어나 부모의 처소에 가서 안부를 여쭈어야 했다. 밤에는 늦게까지 공부하고 잠자리에 들 때는 부모님께 밤 인사를 드렸다. 요즘 학생들처럼 아침에 일찍 일어나야 할 뿐만 아니라 저녁에도 밤늦게까지 공부하고 잠자리에 들어야 했다.

종약은 엄격하게 적용되었다. 명재가의 가훈은 후손들에게 엄격한 준수를 강조했다. '종법은 금석과 같이 소중히 지키고, 선조의 가르침은 부월斧鉞같이 무섭게 알아야 한다. 감히 이를 지키지 않는 자가 있다면 부월이 너를 용서하지 않을 것이다.' 부월은 출정하는 대장에게 통솔권의 상징으로 임금이 손수 건네주던 도끼로 생살권生殺權을 의미한다. 후손들에게 종약 준수를 강조하기 위해 부월이라는 무시무시한 단어를 사용한 것이다.

지금도 그렇지만 입신양명을 하더라도 부모형제간, 형제자매간에 화목해야 한다. 또 일가간에도 화목하면 그보다 더한 선물

전체 집 배치와 조화를 이루는 백일홍나무와 연못 명재 윤증의 둘째 아들은 이 집을 지어 아버지를 위해 바쳤지만 이 집이 너무 크다면서 살지 않았다.

이 없을 것이다. 입신양명을 하고 부귀영화를 이루어도 부모자녀간이나 형제자매간에 냉랭한 경우를 흔히 볼 수 있다. 서로간의 정이라고는 찾아볼 수 없고, 자신만 잘났다는 분위기다. 부모가 잘 키워 성공했다기보다 자신이 오로지 열심히 살았기에 성공할 수 있었다는 투다. 이런 경우 부모는 자녀에게서 아무런 의미도 얻지 못할 것이다. 반면 집안이 화목한 가정에서는 삶의 여유가 묻어난다. 서로 챙겨주고 위하는 마음가짐에서 삶의 향기를 느낄 수 있다.

윤순거는 종약을 만들면서 이를 지켜야 하는 이유를 구체적으로 명시했는데, 오늘날에 그대로 적용해도 손색이 없을 정도로 세상살이의 변치 않는 세태를 꿰뚫고 있다.

> 세상이 어지러워져서 속되고 마음을 감추고 사는 세상이 되어 인도人
> 道를 가르치지 않게 되면 사람들이 각자 자신만을 알게 되고 재물에
> 자기 욕심만 부리고 자기 몸만 편하려 하거나 제 집만을 알게 되어서
> 친목과 존경의 도리를 생각하지 않게 된다.
> 그뿐 아니라 선조 대대로 살던 고향을 한 번 떠나면 평생 동안 틈을
> 내어 선조의 산소에 성묘하지 않거나 비록 두루 친족이 있다 하나 여
> 러 세대 서로 왕래하지 않게 되면 친족간에도 서로 알아보지 못하게
> 되며, 혹은 산소를 분별치 못하게 된다.
>
> (윤정중 편저, 『노종 오방파의 유서와 전통』에서)

논산의 파평윤씨(일명 '노성윤씨', 윤증의 고조인 윤돈이 처가가 있는 노성에 처음 정착해 '노성윤씨'라는 별칭을 얻었다) 일가가 명문가로 우뚝 선 것은 종학당에서 이루어진 체계적인 교육에 힘입은 바가 컸다. 파평윤 씨는 조선 시대를 통틀어 전주이씨를 제외하고 가장 많은 과거 합격자를 낸 가문으로 기록되고 있다. 『국조문과방목』(조선 태조 때부터 영조 때까지 역대 문과 급제자의 인명록)을 보면, 문과 합격자 최다 배출 가문 순위가 전주이씨(769명) 다음으로 파평윤씨(419명), 안동권씨(368명), 남양홍씨(326명), 후안동김씨(318명) 순이다. 파평윤씨 가문들 가운데 가장 많은 문과 합격자를 배출한 가문이 바로 명재 윤증 가문(46명)이다. 이중 종학당 출신이 42명에 이른다.

당쟁에 시달렸던 윤증은 후손들에게 "과거에 급제해 벼슬길에 나아가도 높은 벼슬에 오르지 말고 가능하면 현실 정치를 멀리하라"고 유언을 했다. 파평윤씨 전체를 놓고 보면 정승이 모두 11명 배출되었지만 노성윤씨 출신 가운데에는 단 한 사람도 없다. 대신 노성윤씨 중에서는 당상관(정3품 이상의 장관급)이 14명, 정2품이 10명 배출되었다.

400년 전에 시스템 경영을 도입하다

종약의 명문화와 종학당의 건립, 이재 교육의 도입에서 알 수 있듯이, 명재 가문은 400년 전에 이미 시스템적으로 가문 경영에 접근했다. 그 하나가 종학당이고, 다른 하나가 의창과 같은 문중의 빈민구제기관인 사창(社倉)이다. 학교와 의창을 임시방편이 아니라 체계적으로 운영하기 위해 이를 가문 차원에서 제도화한 것이다.

논산의 파평윤씨 가문이 문중 차원에서 지속적으로 인재 양성을 하기 위해 제도적으로 체계화한 것이 종학당이라면, 지속적인 위기관리를 위해 제도적으로 체계화한 것이 바로 사창이라고 하겠다. 종학당이나 사창 모두 종약을 통해 명문화하고 제도화한 시스템적 접근을 특징으로 한다. 종학당은 종약을, 사창은 향약을 만들어 각각 운영을 체계화했던 것이다. 물론 종학당과 사창이 같은 씨족을 대상으로 한 것이라는 한계를 지니고는 있지만, 왕조시대 때 공교육과 소외 계층의 사회복지제도가 절대적으로 미흡

했던 현실에서 그러한 제도를 도입했다는 점은 큰 의미를 지닌다고 할 수 있다.

사창은 파평윤씨를 대상으로 운영되었지만 그 지역민들에게도 혜택을 주고 의창과 같은 빈민구제기관으로서 역할을 다했다. 종학당이 파평윤씨 씨족 자제들을 대상으로 하되 그 지역민의 자제들에게도 공부할 기회를 제공했던 것과 같다.

파평윤씨의 사창제도 역시 종학당을 만든 동토 윤순거가 주도했다. 주로 이율곡의 '석담 사창'을 벤치마킹했다. 파평윤씨의 집촌지인 노성의 사창은 불의의 재난과 일가의 궁핍에 대한 대비책이었다. 각 가정에서는 사람 수에 따라 벼 한 섬씩을 내놓았고, 관리로 재임하고 있을 경우에는 봉급의 일부를 내놓았다. 윤순거는 이 또한 가문의 헌법 격인 종약에 세부 조항을 두고 구체화했다. 종약의 '치전재置錢財'(재정을 뒷받침하는 방편)에는 의전의 구체적인 운영 조목이 들어 있다. 관리가 된 종인宗人들은 각자 봉급을 털어 의전의 운영에 일조를 하도록 했다.

의창지를 알리는 표석 300년 전 시스템적 경영 접근의 본보기인 사창. 명재 윤증가는 흉년에 대비하기 위해 직접 의창을 만들어 가난한 이웃을 돕는 데 앞장섰다. 국가가 해주지 못하는 부분을 보완해 준 것이다. 요즘도 기업에서 불우이웃을 돕는 경우가 있는데 이전에는 지역 명문가들이 그 역할을 대신했다.

현감이나 병사 : 필목 10필, 백지 10속, 먹 5동, 붓 10자루

대읍 수령 : 필목 7필, 백지 7속, 먹 4동, 붓 7자루

중읍 수령 : 필목 5필, 백지 5속, 먹 3동, 붓 5자루

소읍 수령 : 필목 3필, 백지 3속, 먹 2동, 붓 3자루

서울에서 말을 부리며 귀하게 사는 사람 : 필목 1필과 붓 3자루

윤순거는 종학당을 지으면서도 종학당의 운영 세칙인 종약을 아주 상세하게 조목조목 구체화했다. 어쩌면 윤순거야말로 요즘 각광받는 '기획의 달인'이라고 할 수 있을 것이다.

파평윤씨가 실시한 사창은 국가의 의창제도와는 주관, 대상 범위, 주체의 면에서는 차이가 있으나 근본적인 내용은 다를 바 없다. 의창은 불의의 재해 또는 긴급 환난, 혼상婚喪, 흉년의 기아 구휼 등을 대비해 평상시에 공동으로 재원을 저축했다가 서로 돕고자 만든 것이다. 노성윤씨의 종약에는 다음과 같이 적혀 있다.

무릇 일을 운영함에 있어서 재정의 뒷받침이 없으면 원활한 운영이 될 수 없으니 선대를 받들고 사업을 추진함에 있어서 어려움이 많이 뒤따를 것이다. 이에 의전(종토)과 약간의 곡물을 두어 유사가 관장하도록 하고 유사는 이를 착실히 관리하여 조그만 실수도 있어서는 안 될 것이며 이로써 여러 비용에 쓰도록 할 것이다. 만약 여유가 생기면 길흉사를 돕는 비용으로 쓰도록 할 것이니 이것이 널리 서로 사랑하는 길이 될 것이다.

시스템 경영의 본보기인 종학당 호수를 사이에 두고 종학당과 선영이 마주 보이도록 배치했다. 후손들은 선현들에게 부끄러움이 없는 사람이 되고자 학문을 게을리하지 않았을 것이다. 명재 윤증가는 공교육이 부실하자 직접 학교를 세우고 교칙을 만들어 문중 학교를 운영했다. 1630년대에 세워진 하버드대와 연륜이 비슷한 종학당 전경.

노성윤씨의 사창제는 명재 윤증이 살아 있을 때 모범적으로 운영되었다. 처음의 의전은 윤순거가 노성윤씨의 토대를 이룬 5방파의 각 집에 별도로 논 7마지기를 내어주고 그 토지에서 거둬들인 곡식(예납곡)을 기본 자산으로 삼았다. 초창기에는 각 집에서 성실하게 곡식을 낸 까닭에 비축량이 많아져 초상집에 돈이나 물건과 이불 2벌을 보낼 수 있었다. 급한 출산에도 여러 가지 밑천과 양식을 넉넉히 보낼 수 있었다고 한다.

의창은 윤증 사후에 일시적으로 위기를 맞았다. 1799년에 큰 흉년이 들어 굶는 사람이 생겨나고, 남자는 서른 살이 넘도록 장가를 못 가고 여자는 스무 살이 되어도 출가를 못 하는 상황이 속출했다. 이에 노성윤씨 일파는 1800년대에 들어 의창의 재건에 진력해, 노성의 18개 종계宗契와 서울과 각 고을의 수령, 넉넉한 후손들이 돈과 곡물을 출연하기에 이르렀다. 나아가 노성의 중심지인 덕보에 창고를 짓고 사창의 운영 규약을 만들면서 사창제도의 틀을 제대로 갖출 수 있었다. 이는 윤광저(1735~1812)가 쓴 기록에 잘 나와 있다.

규칙과 행식들이 엄정해 손실이 절대 없도록 했다. 매년 쌓인 곡식은 쌀이 200석이고, 가을 뒤에는 쌀을 팔아서 수해나 가뭄에 대비했다. 1800년 초에는 축적된 것이 대단히 윤택해 의창사업의 근기가 공고해졌다.

(윤정중 편저, 『노종 오방파의 유서와 전통』에서)

사창은 노성윤씨 문중을 넘어 불의의 재난과 궁핍에 대비하는 대비책이기도 했다. 하지만 노성윤씨의 의창제는 소기의 목적대로 운영되어 오다, 일제에 의한 곡물 약탈로 끝을 보게 되었다고 한다.

실용적 가풍을 조목조목 명문화하다

매우 검소하면서도 실용적인 가풍을 지닌 명재가는 '아들에게 훈계한 글'이라는 뜻의 『계제자서戒諸子書』를 두 번씩이나 자녀들에게 남겼다. 명재의 조부인 윤황은 가훈에 '옷은 화려하고 사치스러우면 안 되니 몸을 가릴 정도면 될 뿐이고, 집은 편안하고 크게 하면 안 되니 바람만 가리면 될 뿐'이라고 적어 검소한 생활을 후손들에게 누누이 당부했다. 구절구절이 혀를 내두를 정도다. 윤황은 병자호란과 정묘호란 때 사간으로 척화를 주장하고 동부승지를 지냈으며 정적의 탄핵으로 유배당한 후 병으로 죽었다. 1637년 윤황은 유배지로 가면서 동작진에서 아들에게 가훈을 내렸다.

> 지금 남자와 여자의 비단 옷은 모두 모아서 불살라버려라. 만일 이같이 개혁하려는 마음이 없는 사람은 집안에서 쫓아내면서라도 시켜야겠다.
> 선비가 빈둥거리고 노는 버릇은 패가망신하는 병폐이니 이번의 난리 (정묘호란)를 경험 삼아 절대로 구습을 밟지 말고 지금부터는 모두가 농사짓거나 장사하거나 또는 베를 짜면서 머슴과 종과 손을 나누어

생업에 힘쓸 것이며, 공부하는 사람은 아침에 나가 일하고 저녁에 책을 읽도록 하여라.

(윤정중 편저, 『노종 오방파의 유서와 전통』에서)

여기서 주목하게 되는 부분은 "만일 이같이 개혁하려는 마음이 없는 사람은 집안에서 쫓아내면서라도"라고 강조한 부분이다. 그만큼 가훈을 엄격하게 지킬 것을 후손들에게 당부했는데, 가훈의 핵심은 바로 검소한 생활의 실천이다. 특히 선비도 빈둥거리지 말고 직접 농사를 짓거나 장사를 하면서 생업에 힘쓸 것을 당부했다. 당시로는 파격적인 훈계가 아닐 수 없다.

윤황은 그해에 유배지에 내려와서도 다시 한번 자손들에게 가훈을 내렸고 1639년 임종 전에 마지막으로 가훈을 내렸다. 앞서 내린 가훈보다 더 구체적으로 명시하면서 "만약 이 훈계를 따르지 않는다면 죽어서도 눈을 감지 못할 것"이라고 강조했다.

선비 집안의 법도는 사치하지 않고 근검절약하는 것을 더없는 미덕으로 삼는다. 따라서 입는 옷이나 먹는 음식, 관례, 혼례, 상례, 제례에 쓰이는 양은 아주 적절히 요량하여 이에 적어놓았다. 자손들은 이를 잘 지켜 아침마다 보고 외우는 일을 어기지 말며, 또 집안이 모두 모일 때 법도를 어긴 사람이 있으면 혹은 책망하고, 혹은 종아리를 때리되 세 번이나 책망 받고도 뉘우치지 못하는 자는 불효와 불공스러움을 들어 사당에 올라오지 못하게 하고 제사에 참여하지 못하게 하라.

(윤정중 편저, 『노종 오방파의 유서와 전통』에서)

여기서 그는 훈계의 방법을 구체적으로 적시해 놓고 있다. 즉 중년 이상인 사람이 가훈을 지키지 않으면 먼저 대놓고 나무라고, 중년 이하인 자는 매를 때린다. 부녀자가 여겼을 때는 남편을 책망하거나 아들을 때려 벌을 주라고 명시하고 있다. 이어 그는 다음과 같이 구체적으로 열거하면서 검소한 생활을 당부했다.

1. 남자는 오십이 되어야 비단옷을 허락하라
2. 부녀자의 상용 의복은 베옷, 무명옷으로 하고 비단옷은 외출할 때에만 잠시 갈아입되 고운 비단은 입지 마라.
3. 채소같이 소박한 반찬을 먹되, 담배와 도박을 절대 금하라.
4. 떡쌀은 닷 되를 넘지 말며 지짐이는 세 꽂으로 하고, 유밀과는 쓰지 마라.
5. 혼수는 절대 비단을 쓰지 말고, 시부모가 새 며느리에게 예물을 주는 것 또한 폐습이니 일절 행하지 마라.

명재가는 이러한 가훈을 명문화해 놓고 실천해 왔다. 특히 명재가는 유교 사회의 폐단 가운데 하나로 꼽히는 제사의 허례허식을 개선해 제수품의 수를 줄였다. 윤완식 씨(명재 윤증의 13대손)는 "차례상에는 송편과 떡, 꿀로 만든 유밀과나 전 등은 올리지 않는다. 대

전통 된장 공장이 된 종가 명재 윤증가는 해남의 고산 윤선도가와 함께 조선 시대 실용주의 정신을 대표한다. 실용주의는 조선 시대를 통틀어 명분주의에 밀렸다. 명분을 앞세운 정치 세력(노론)은 언제나 실용을 표방한 정치 세력인 소론이나 실학파보다 우위를 점할 수 있었다.

추, 밤, 감 등 과일과 평소에 먹는 음식을 올린다"고 전했다.

조선 시대를 대표하는 사대부 집에서 추석 차례상에 송편도, 전도 올리지 않고 제사를 지내는 것이다. 당연히 제사상도 작은 것(68×99cm)으로 바꾸었는데, 이런 전통은 지금도 내려오고 있다. 예학을 중시하던 당시로서는 그야말로 파격적인 조치였다. 명재는 허례허식을 따지는 명분보다 실학사상을 중시했는데 여기에는 여성을 배려한 사려 깊은 마음씨가 담겨 있다. 명재 가문의 부녀자들이 잦은 제수품 준비로 너무 혹사당한다며 간소화했다고 한다. 요즘의 표현으로 대학자인 명재는 페미니스트였던 셈이다.

어린 시절을 명재 고택에서 자란 윤완식 씨는 "어릴 때 집에서

실용성과 과학의 절묘한 접목 명재 고택은 안채와 살림살이를 하는 부엌 건물 사이의 각도를 비스듬하게 해서 통풍과 채광, 전망을 최대화했다. 여성들이 부엌살림의 시름을 잊을 수 있게 뒷산과 하늘이 훤히 보이게 한 것이다.

보리밥을 먹고 자랐다. 우리집은 지금도 생일잔치를 하지 않는다"고 강조한다. "저는 어릴 때부터 생일을 모르고 살았습니다. 부잣집에서 생일상을 받으면 배고픈 이웃들에게 비난을 받을까봐 생일상도 못 받게 했습니다. 이런 관례가 지금까지 이어져오고 있습니다."

예나 지금이나 법보다는 인심이 위에 있다. 명재 윤증 집안은 주변 백성들을 위한 베품의 방안으로 의창을 운영하며, 매년 각출하는 200석의 쌀로 수해나 가뭄 때 굶주리는 이웃들을 위해 구휼사업에 나섰다.

명재가의 실용주의 가풍은 집 짓기에도 그대로 적용되었다. 명재 고택은 17세기에 건립되었는데, 그 자체의 완벽한 과학성에 놀라지 않을 수 없다. 안채와 사랑채, 거실 등이 하나의 시스템으로 구성되어 있는 것이 특징이다. 과학과 한옥의 뛰어난 결합을 명재고택만큼 잘 보여주는 곳도 없다.

과학이 결합된 한옥이지만 인간에 대한 배려 또한 철저하다. 건축 양식으로 보면 구석구석이 과학이자 디자인이다. 일사량과 습도, 바람의 양까지 고려해 가옥을 배치했다. 또 솟을대문이 없고 사랑채에는 담장도 없다.

사랑방 아랫목에서 뒷방으로 이어지는 샛장지문은 우리나라에서 유일한 미닫이 여닫이 겸용 문이다. 안채에서 들여오는 상이 작으면 미닫이문만 열고, 큰 상을 들여올 때는 여닫이문으로 사용할 수 있다. 또 문을 통째로 떼어 방 한가운데 세우는 칸막이로 사용할 수도 있다.

조선 시대에 바깥출입이 거의 없던 아낙들을 위해서는 안채 처마와 고간채 처마 사이로 노성산 옥녀봉이, 담장 너머로 연못이 한눈에 보이게 했다. 또 안채 마루에서는 동쪽 안채의 방 너머로 사랑방을 엿볼 수도 있는 신기한 구조로 설계되어 있다. 교육체계(종학당)와 구휼체계(의전)를 민간 최초로 시스템화한 명재가답게 집을 짓는 데도 실용적 시스템을 접목해 설계한 것이다.

실용적인 가풍은 천문학 연구로 이어졌다. 명재의 9대손인 윤하중이 천문학을 연구한 것도 실용을 추구하는 가풍과 무관하지 않아 보인다. 명가의 종손이 천문학을 연구했다는 것 자체도 눈길을 끌지만, 더 파격적인 것은 천문학을 연구한 윤하중이 음력 설 대신 양력 설을 지내고 모든 행사를 음력이 아닌 양력으로 치르는 전통을 만든 것이다. 심지어 출생신고도 양력으로만 한다. 여전히 음력 설을 쇠는 우리의 현실을 감안할 때, 윤하중은 시대를 앞서 간 인물이다.

윤하중은 연구에 그치지 않고『성력정수星曆正數』라는 천문학 책을 펴내기도 했다. 이 책에서 그는 1년 동안 1분의 시간이 느리게 계산되고 있다고 주장했다. 즉 1년이 365일 5시간 50분인데 365일 5시간 49분으로 계산되어 오고 있다는 것이다.

명재가는 상속의 문제도 '상속법'으로 명문화해 놓았다. 후손들 사이에 벌어질 수 있는 분란의 여지를 아예 없앤 것이다. 종손은 할아버지 대까지 물려받은 재산만 모두 상속받게 했다. 조상

과학적 시각성이 돋보이는
사랑채의 창문 엑스캔버
스, HDTV 벽걸이 화면이
연상된다.

안채 마루에서 바라본 장
독대 문 너머로 본 장독대
는 전체가 아니라 반 정도
만 시야에 들어온다. 장독
대 전체가 눈에 들어오면
답답해 보일 텐데, 여백의
미를 강조한 절묘한 배치
가 아닐 수 없다.

대대로 내려오는 재산은 종손에게만 상속하게 한 것이다. 대신 아버지 대에 새로 생긴 재산은 자녀들에게 공평하게 분배했다. 이런 상속법 덕분에 명재가는 부동산이 10만여 평에 달하는데도 종가 재산을 둘러싸고 집안 분쟁이 일어난 적이 한 번도 없다.

실용적인 가풍에 따라 요즘의 명재 집안에도 정치인이 거의 없다. 대신 공대 출신이나 기업 경영자, 의사 등 실용적인 학문이나 전문 분야에 종사하는 이들이 주류를 차지한다. 그리고 장사를 장려한 파격적인 명재가의 실용적인 가풍을 이어 후손 가운데 두 명이 굴지의 대기업 회장에 올랐다. 한국야쿠르트 창업주인 윤덕병 회장은 명재의 8대손이고, 웅진그룹 윤석금 회장도 이 집안 출신이다.

매년 여름방학 때면 명재의 후손들은 종학당에 모여 명재의 가르침을 받는다. 대학생 등을 대상으로 한 문중 교육의 전통이 수십 년째 해마다 이어지고 있는데, 매번 100여 명의 학생들이 명재가에 내려오는 실용적인 교육을 받고 있다.

시스템으로 접근하라

미국의 하버드 대학은 현재 세계적인 명문대로 인재 산실이 되었지만 그 시작은 그야말로 미미했다. 영국 태생의 미국 선교사인 존 하버드(1607~1638)의 유언에 따라 그의 재산과 장서를 기증받아 학교를 설립한 것이다.

첫 수업은 1638년 여름에 운동장이 딸린 목조 가옥 한 채에서 단 한 사람의 교사에 의해 시작되었다. 그러다 230여 년 후인 1870년에 C.W. 엘리엇 학장이 독일 유학 경험을 바탕으로, 목사를 양성하던 종교교육 위주의 하버드 대학을 전문 연구기관으로 변신시켰다. 그는 선택과목제도를 도입하는 등 오늘날 미국 대학 커리큘럼의 원형이 되는 학제 개편을 단행했다.

바로 여기서 시대정신을 조직화할 수 있는 기획자의 존재와 시스템의 도입이 얼마나 중요한지 알 수 있다. 하버드 대학이 세계 일류의 고등교육기관이 될 수 있었던 것은 바로 '기획형 인재'와 이들에 의한 '시스템적 접근' 덕분이라고 하겠다.

미국에 하버드 대학이 설립될 즈음 조선에서도 유사한 움직임이 일어나고 있었다. 1628년에 우리나라 최초의 문중 학교인 종학당이 충남 논산의 파평윤씨 가문에 의해 설립된 것이다.

공교육이 부재했던 400년 전 조선 시대에 민간교육에서 시스템적 접근을 시도했다는 것은 큰 의미를 지닌다. 뿐만 아니라 노성윤씨들은 재난에 대비한 위기관리 시스템인 사창을 도입했다. 종학당, 사창 모두 시스템적으로 접근했다.

교육의 토대를 마련한 이는 명재 윤증의 둘째아버지인 동토 윤순거였다. 동토는 학교를 건립하고 서책과 기물을 마련했다. 하버드대를 만든 하버드 목사처럼 사유 재산과 책을 손수 내놓으며 학교를 세운 것이다. 동토는 근대적인 교육체계가 없던 당시에 가문 차원에서 체계적인 자녀 교육 프로그램을 만든 '사교육의 기획자'였던 셈이다.

종학당은 당시 관학인 성균관과 대조를 이루는 사학의 대표적인 기관으로, 요즘의 초·중·고와 대학이 함께 있는 원스톱 캠퍼스에 비유할 수 있다. 특히 10세 아이부터 과거를 보는 청소년들까지 연령과 학업 수준에 따라 단계적으로 공부할 수 있도록 체계적인 커리큘럼(교과 과정)을 마련했다. 종학당은 설립 이후 42명의 과거 합격자를 배출하는 등 1910년까지 280년 동안 존속했다.

하버드대보다 10년 앞서 설립된 종학당은 비슷한 시공간 속에 존립해 왔다. 하지만 세계 최고의 명문대학으로 발돋음한 하버드대와 달리 종학당은 일제 식민지 지배와 함께 역사 속으로 사라져, 개혁을 통해 지속될 수 있는 고등교육의 장으로 발전하지 못했다. 우리 역사의 아쉬움이 아닐 수 없다.

수백 년 동안 지속될 기업을 목표로 한다면, 하버드대나 종학당의 시스템적 접근은 아무리 강조해도 지나치지 않는다. 또한 종학당을 통해 볼 수 있는 것처럼, 외부 변수에 의해 초래되는 위기에도 유연하게 대처할 수 있는 내부적 역량을 갖추고 있어야 한다. 가문이든 대학이든 기업이든 지속 가능한 발전은 다름아닌 '기획형 인재'에 달려 있음을 새삼 확인할 수 있다. 이는 미국 전기기기 제조 회사인 GE사가 사내 인재교육에 연간 10억 달러를 '투자'하는 이유인 것이다.

가문이든 기업이든 더 나아가 국가든, 지속 가능한 조직을 만들기 위해서는 반드시 시스템이 갖춰져야 한다. 지속적인 성장만이 미래를 보장할 수 있다. 지속적인 성장을 위해서는 우수한 인재, 탁월한 시스템, 진취적인 조직문화가 꼭 필요하다. 이 세 가지가 있어야 성과주의 경영을 이뤄낼 수 있으며 기업의 비전과 전략을 수립할 수 있다. 이 세 가지를 만들어내고 유지하는 것이 바로 '시스템 경영'이다. 시스템 경영은 단순하게 말하자면 비체계적 업무 수행 관행을 체계적 업무 수행으로 바꾸는 것이다.

명재가는 종학당과 사창을 만들고 시행하면서 한 사람의 리더십에 의한 인간 경영이 아니라 명문화와 규칙을 통한 시스템적 경영에 접근했다. 실로 놀라운 시스템 경영이 아닐 수 없다. 종학당과 사창 시스템은 요즘의 기업에 요구되는 '지속 가능한 경영'의 모범을 이미 400년 전에 보여준 좋은 예이다.

9장

조선을 구한 선비, 제봉 고경명

몸을 던지지
않으면 아무것도
이룰 수 없다

고경명가에서 배우는 사회적 책임 경영−세독충정世篤忠貞

인생은 공평하지 않다. 코를 훌쩍이고 칭얼거리며 울지 말고
밖으로 나가 인생이 당신을 위해 펼쳐지게 만들라.
−J. 버틀러

사람은 무엇으로 사는가, 제봉 고경명가가 실천한 '단계5의 리더십'
– 위기 국면을 헤쳐가야 하는 이들에게 주는 5계명

◉ 위기 때는 노선이 달라도 서로 챙겨라

◉ 사회적 지위가 높은 만큼 책임을 다하라

◉ 열정을 다해 몸을 던져라

◉ 특툼 체제로 위기를 관리하라

◉ 위기관리 메뉴얼을 만들어라

100년 전에 실현한 위기관리의 투톱 체제 – 유천 VS 삼천

100여 년 전에 '한 가문 두 마을'이 투톱 경영을 실천했다.

전남 담양 창평의 장흥고씨 집성촌인 삼천마을과 유천마을은 들판을 사이에 두고 마주 보고 있다. 두 마을은 '한 지붕 두 가족'처럼 서로를 보듬어주면서 위기의 시대를 넘어 수많은 인재를 배출해 왔다. 나라가 위기에 처할 때에는 앞장서서 나라를 구하고 질곡의 시대에는 서로 헐뜯지 않고 챙겨주면서 400년 동안 한 가족으로 살아왔다. 그 세월 동안 형제들은 30촌으로 촌수가 멀어졌지만 여전히 한 가족처럼 살아오고 있다. 이런 가문이 또 있을까.

삼천마을은 월봉산으로 향하는 길목의 왼편에 있고 유천마을은 오른편의 월봉산 자락 아래에 있는데, 손짓하면 닿을 정도로 서로 가깝다(두 마을은 장흥고씨의 집성촌으로 400년 동안 수많은 인재를 배출해 왔다). 이곳에 사는 장흥고씨들은 임진왜란 때 순국한 고경명과 그

고정주의 생가 고정주는 1905년 일제가 을사조약을 체결하자 벼슬(규장각 직각)을 버리고 고향에 돌아와 신식 학교를 세우고 교육계몽운동의 선구자가 되었다.

아들(종후와 인후)의 후손들이다. 전남 지방에서는 이들을 '창평 고씨'라고도 부른다.

삼천마을과 유천마을은 이 지역에서 인재의 산실로 통한다. 특이한 점은 유천마을과 삼천마을이 배출한 인재들의 색깔이다. 두 마을 모두 장흥고씨들의 집성촌이지만 전혀 다른 노선의 인재를 배출해 왔다. 유천마을이 임란에서 시작해 한말까지 이어진 의병운동의 산실이라면, 삼천마을은 근대 신교육운동의 발원지라고 할 수 있다. 유천마을에는 임진왜란 때 순국한 학봉 고인후와 한말 의병장인 녹천 고광순의 후손들이 주로 산다. 삼천마을에는 창흥의숙(호남 최초의 근대 학교)과 창평고등학교를 세운 고정주의 후손들이 살고 있다. 유천과 삼천은 임진왜란부터 시작된 호남 지역의 의병운동과 교육계몽운동의 산실로, 유천마을이 무武를 상징한다면 삼천마을은 문文을 상징하는 셈이다.

유천과 삼천은 원래 한 가족에서 출발했다. 하나의 뿌리에서 나와 마을을 이루었다. 유천과 삼천에는 임진왜란 때 첫 의병장으로 금산전투에서 아버지와 함께 전사한 학봉 고인후의 후손들이 살고 있다. 유천마을에 살고 있는 학봉의 14대 종손 고영준 씨는 "학봉의 증손자 대에 유천에서 삼천으로 분가를 했다"고 말한다.

학봉의 후손들은 100여 년 전의 흥미로운 '가문 경영'을 보여준다. 바로 유천마을과 삼천마을의 '투톱' 체제다. 이른바 투톱 가문 경영의 핵심은 '의병운동'과 '신교육운동'이다. 유천마을은 의병운동의 근거지가 되고, 삼천마을은 신교육의 발원지로 우뚝 선 것이다. 의병운동이 보수적이고 현실적인 접근이라면 신교육은 새로운 학문과 문물을 받아들이고 미래의 인재를 양성하기 위한 개혁적이고 중장기적인 접근이라고 하겠다. 불과 십 리도 안 되게 이웃한 두 마을에서 요즘의 기업 경영에서 각광받는 '투톱 체제'를 110년 전에 이미 선보였던 것이다.

먼저 학봉의 11대 종손인 녹천 고광순(1848~1907)은 1890년대에 왜구의 침략이 노골화되자 의병장으로 나섰다. 제봉 고경명의 둘째 아들로 금산전투에서 고경명과 함께 전사한 학봉 고인후(1561~1592)의 12대 종손인 고광순은 의병을 일으켜 10여 년간 왜군과 혈전을 벌이다 1907년에 60세의 나이로 순국했다. 고경명은 임란 때 전국에서 최초로 의병장으로 나서 금산전투에서 전사했는데 당시 그의 나이도 60세였다. 315년의 시차를 두고 제봉과 그 후손이 똑같은 60세에 의병장으로 최후를 마쳤다. 우연치고는 너무도 비극적인 우연이 아닐 수 없다. 제봉의 호연지기 정신이 300여 년의 시공간을 뛰어넘어 재현된 것이다. 너무나 닮은 꼴의 노블레스 오블리주였다.

1895년 거병을 준비할 때 고광순은 300여 년 전 임란 당시의 전라도 의병의 전통을 계승한다는 점을 강조했다.

창평의 고광순 기념관 제봉 고경명은 무신이 아니라 문신으로 임란 때 제일 먼저 의병장이 됐다. 그 아들인 종후와 인후도 왜군에 맞서다 전사했다. 다시 300년 후 고인후의 직계 후손인 고광순이 의병장으로 싸우다 죽었다.

하물며 신의 선조는 충렬공 고경명과 효열공 종후, 의열공 인후 등 3부자가 임진왜란 당시 순절하였던 까닭에 세상에서는 충효의 고가古家라 부릅니다. 신은 곧 의열공의 사손입니다.

(홍순기, 『고광순 의병장의 인품과 의병 활동』에서)

위의 인용문에는 의병운동에 참여한 호남 의병 후예로서의 자부심과 책임감이 잘 드러나 있다. 고광순은 한말 호남 의병의 역사적 연원, 정신적 근원을 왜란 당시 선조의 의병 봉기에서 찾았으며, 이는 호남 명문가로서의 책임감의 발로라 할 수 있다.

고광순이 의병장으로 나서자 격분한 왜군은 고광순과 선봉장 고광수의 집을 불태웠다. 월봉산 노적봉 기슭의 고씨 종택에 불기둥이 솟아 그 불티가 번지면서 유천리 온 마을이 불바다가 되었는데, 고광순의 집이 불타던 날 왜적은 그의 아들(고제환)을 군도로 찔러 불구로 만들었다.

유천마을에서 고인후의 종손인 고광순이 의병장으로 나서자 일가인 고광훈, 고광채, 고광문, 고제량도 가세했다. 고광순은 10년 동안 항쟁을 계속했고, 1907년 구례 연곡사에서 최후를 마쳤다. 고광순이 전사한 뒤에는 고광문 등이 계속해서 왜적에 대항해 의병을 일으켰다. 의병의 경우 대장이 죽으면 대부분 해산하는데, '고광순 부대'는 해산하지 않고 의병 활동을 계속했다.

삼천마을에서 신교육운동을 주도한 이는 춘강 고정주(1863~1933)다. 학봉의 10대손인 춘강은 구한말 규장각 직각直閣(규장각의 서

동아일보 사장을 지낸 고재욱의 생가 신교육의 중심지인 삼천리에 있다. 고재욱은 신교육운동을 펼친 고정주의 손자다.

적과 왕실 문서를 관리하는 직책) 자리에 있다가 1905년 을사늑약이 체결되자 낙향해 창흥의숙을 세우고 신교육운동에 뛰어들었다.

　고정주는 동아일보를 창업한 인촌 김인수의 장인이고 동아일보 사장을 역임한 고재욱의 조부다. 고일석(무등양말 창업자)은 1980년에 창평고교를 설립해 인재 양성의 전통을 이었다. 기숙사를 갖춘 창평고등학교는 현재 이 지역의 명문고로 이름을 얻고 있다.

노선 달라도 서로 챙기며 위기의 시대를 넘다

창평고씨들에게는 의병과 신교육이 공존했을 뿐만 아니라 해방 이후에는 좌우익 노선 또한 공존했다. 먼저 우파로는 창흥의숙을 만든 고정주의 손자로 동아일보 사장을 역임한 고재욱을 비롯해 고재청 국회 부의장이 대표적이다. 좌익으로는 한국전쟁 이후 월북해 김일성종합대학 교수를 지낸 고재국을 비롯해 인민군 치하에서 분주 소장을 지낸 고인석과 고홍석 형제, 고재갑 씨 등이 대표적 인물이다. 이들은 독립운동으로 사회주의 노선을 걷다가 해방 후에는 이념적으로 좌익으로 몰려 결국 월북하는 등 운명적인 선택을 해야 했다. 학봉 고인후의 14대 종손인 고영준 씨는 "당시 인근에서는 한 집안 형제끼리도 좌우익으로 나뉘어 골육상쟁의 피를 부른 경우가 허다했다"고 말한다. 그렇지만 창평의 고씨들은 좌우익으로 노선을 달리해도 피를 부르는 골육상쟁은 없었다고 그는 강조한다.

학봉 고인후 가문은 '한 손엔 칼, 한 손엔 펜'을 들고 국가적 위기가 닥쳤을 때 이를 외면하지 않고 힘을 모았다. 우리 역사상 장흥고씨와 같이 문과 무가 조화를 이룬 가문은 결코 흔치 않다. 문과 무가 공존할 경우 노선상의 대립으로 한 가문이 자칫 불화로 얼룩질 수 있기 때문이다.

노선상의 대립은 대개 명분과 실리와 관련되어 있다. 병자호란 때의 김상헌과 최명길의 척화-주화론도 바로 명분과 실리의 대립이었다. 실리파는 당장 적이 강토를 유린하는데 병장기도 제대로 갖추지 못한 상태에서 싸움을 할 경우 인명 손실만 당하고 얻을 게 없다고 주장한다. 명분파는 적에 비굴하게 굴복하느니 차라리 장

신교육운동의 중심지인 삼천리의 마을 전경 100여 년 전 창평은 보수(의병)와 개화(신교육)가 공존하며 이른바 '투톱 경영'의 서막을 열었다. 삼천은 신교육에, 유천은 의병에 투신했지만 분열하거나 대립하지 않고 서로 챙겨주며 위기의 시대를 건넜다.

렬하게 죽는 편이 낫고 그게 더 의롭게 사는 길이라는 주장을 굽히지 않는다. 그러다가 급기야는 목소리가 커지고 서로 충돌한다.

　　창평의 장흥고씨들은 의병파와 신교육파로 나뉘어 각자의 정당성을 주장했다. 의병장 고광순은 만석꾼인 고정주에게 도움을 요청했지만 고정주는 지원을 거부했다. 하지만 이는 표면상의 거부일 뿐이었다. 군량미가 부족했던 고광순은 야밤을 틈타 고정주의 곡물 창고에 잠입해 곡식을 퍼 갔다. 물론 고정주는 이를 알고도 모르는 체했다. 노선은 다르지만 결국 위기에 처한 나라를 구하는 길은 다를 바 없었기 때문이다.

고영준 씨는 일가간에 불화를 일으키지 않는 이유로 대대로 내려오는 가훈인 '세독충정世篤忠貞'을 꼽았다. 세독충정은 제봉 고경명의 좌우명으로, '인간이 세상을 살아감에 있어 나라에 충성하고 항상 올바른 마음을 굳게 지녀야 한다'라는 정신을 담고 있다. 나라가 있어야 국민이 잘살 수 있기에 나라가 위기에 처하면 먼저 나라를 구하는 데 앞장서야 한다는 것이다.

　동학혁명과 해방 후 좌우익의 혼란기에 창평 지역은 골육상쟁을 벌이지 않았다. 유천마을과 삼천마을에서 보수적인 의병운동과 계몽적인 신교육운동이 공존할 수 있었던 것은 고경명의 세독충정의 정신이 있었기 때문이다. 고영준 씨는 "고씨들은 지금도 고경명과 종후, 인후, 3부자의 불천위(큰 공훈이 있어 영원히 사당에 모실 것을 나라에서 허락한 신위) 제사를 함께 지내고 있다. 이것이 아마도 서로의 노선을 존중하면서 제봉이 말한 세독충정의 정신을 실현하는 길이라고 여겼던 것 같다"고 풀이한다. 고씨 집성촌이었기에 가능했다는 다소 이색적인 분석이지만 충분히 설득력이 있어 보인다.

　고경명의 생가는 현재 광주시 남구 압촌동의 포충사 옆에 있고, 18대손인 고원희 씨가 살고 있다. 고영준 씨는 고경명의 기일에는 반드시 일가 사람을 보내 제사를 모시게 한다. 고인후는 아버지 고경명과 함께 전사해 제삿날이 같다. 고영준 씨는 "부자가 함께 전사해 같은 날 제사를 지내야 하기 때문에 '큰집' 제사에는 참석하지 못하고 대신 일가 사람을 보낸다"고 한다.

유천과 삼천은 한 가문 안에서의 두 노선의 공존을 의미할 뿐만 아니라, 고경명이 후손에게 당부한 '세독충정'의 산실이다. 국가적 위기 상황에서 보수(의병)와 개화(교육)의 두 노선은 나라를 구하는 두 길이었다. 의병이 당면한 위기 상황에서 행할 수 있는 다급하고도 현실적인 선택이었다면, 교육 계몽은 좀더 먼 미래를 내다보는 중장기적인 접근이었다고 볼 수 있다. 고영준 씨는 "유천과 삼천 마을에서 의병에 나서고 신교육운동에 매진한 것은 바로 고경명의 세독충정 정신을 실천한 것에 다름아니다"라고 강조한다.

우리나라의 명문가 가운데 국가적 위기 때마다 살신성인을 실행한 가문으로 창평고씨 제봉 고경명과 그의 후손들을 빼놓을 수 없다. 역사가 두 번 반복되는 과정에서 닮은꼴 의병장 둘이 나와 위기에 처한 나라를 구하는 데 앞장섰다. 선조는 고경명에게 충렬, 아들 고종후에게 효열, 고인후에게 의열이란 시호를 내렸다.

300여 년 동안 두 번에 걸쳐 의병장을 낸 장흥고씨 가문은 국가적 위기 앞에 호연지기를 발휘한 최고의 명가로 꼽힌다. 그것은 다른 가문에서는 찾아볼 수 없는 문과 무의 조화를 통해 가문 구성원끼리 반목하지 않고 오히려 서로의 경쟁심을 고양시켰기에 가능한 일이다. 더욱이 유천과 삼천 마을이 보여준 투톱 체제는 오늘날에 되새겨보아도 손색없는 교훈을 주고 있다.

의병운동에 앞장선 유천리의 마을 전경 임진왜란 때 순국한 고인후의 종가가 이곳에 있다.

최초의 문인 출신 의병장 고경명의 '세독충정'

흔히 문인들은 국가의 위기 상황에서는 말만 앞세운다는 비판을
받는다. 충성을 외치다가도 위기 상황이 되면 하나같이 자신의 안
위를 살피기 바쁘고 심지어 비겁하게 도망가기까지 했다. 임진왜
란과 병자호란 때에도 수많은 관리들이 도망을 갔다. 그래서 세상
사람들은 "문인들은 실용성이 적다"고 비난을 했다. 이 말 역시
위기 때 제 한 목숨 살겠다고 도망치기 바쁜 문인들의 비겁함에
대한 조롱일 것이다.

　하지만 고경명과 그의 아들은 그렇지 않았다. 글 잘하는 선비로
이름 높았던 고경명은 임진왜란 때 왜적이 파죽지세로 북상하고

선조가 피난길에 오르자 분연히 자리를 떨치고 일어났다.

> 섬 오랑캐가 쳐들어왔다. 우리가 방심한 틈을 타서 왜적이 허점을
> 찌르고 기고만장하게 굴며 하늘 무서운 줄 모르는구나! 미친 듯이 날
> 뛰고 우리나라를 마구 유린하면서 북상하여 마침내 서울에 육박했도
> 다! 우리의 장수들은 우왕좌왕하고, 수령들은 숲속으로 깊숙이 도
> 망치는구나…….
> 경명은 백발의 늙은이다. 밤중에 놀란 닭 울음소리를 듣고 견딜 수
> 없어 마지막 남은 조국애의 한 조각 붉은 마음을 갖고 일어섰노라!
> 강물에 뜬 뱃전을 두들기며 스스로 죽음의 길을 나서기로 하였다.
> 이는 오직 견마犬馬가 주인을 위하는 정성일 뿐이요, 모기가 태산을
> 짊어진 격이라 내 힘을 요량하지 않은 것이다.

임진왜란이 일어나자 의병장으로 나선 고경명의『마상격문馬上
檄文』의 한 구절이다. 그는 왜군이 거침없이 북상해 오자 풍전등화
와 같은 조국의 운명을 구하기 위해 60세에 의병장으로 추대되었
다. 1591년까지 동래 부사를 역임한 그는 원래 시를 잘 지어 명종
의 총애를 받은 전형적인 문사文士였다. 글 잘 짓는 문사의 글답게
『마상격문』은 조국에 대한 사랑과 죽음을 각오하고 전장에 나가
는 용맹심을 북돋워준다. 이『마상격문』이 위기에 처한 조선을 구
하는 데 위력을 발휘했다. 호남의 선비정신을 일깨운 것이다. 국
난을 당해 나라를 구하자고 호소한 한 장의 글이 6천여 명의 의병

을 불러 모았다.

『조선왕조실록』에는 금산전투에서 그가 전사할 당시의 모습이 이렇게 기록되어 있다.

경명은 문학에 종사해 무예를 익히지 않았으며 나이 또한 노쇠하였다. 그렇지만 그는 왜적이 강토를 유린하자 맨 먼저 의병을 일으켰는데 충의심만으로 많은 군사들을 격려하여 위험한 곳으로 깊이 들어가 솔선하여 적과 맞서다가 전사한 것이다. 공은 성취하지 못했어도 의로운 소문이 사람을 감동시켜 계속 의병을 일으킨 자가 많았다.

왜군이 부산에 당도한 게 1592년 4월 초이고, 고경명은 곧바로 의병을 일으켰다. 하지만 6월 1일에 그만 전사하고 말았다. 하지만 그의 정신은 전라도를 넘어 전국으로 퍼져 나갔다. 의병의 불씨를 전국적으로 확산시킨 것이다. 가족의 비운도 이어졌다. 아버지와 함께 금산전투에 나간 아들을 비롯해 무려 일가족 6명이 왜군에 저항하다 전사했다. 금산전투에서 둘째 아들 고인후가 아버지와 함께 전사했고, 이 전투에서 살아남은 큰아들 고종후(1554~1593)는 400여 명의 패잔병을 모아 '복수의병군'이라는 이름을 내걸고 다시 일어나 싸웠다. 1년 후 장남 고종후도 진주성전투에서 전사했다. 뿐만 아니라 제봉의 동생인 경신은 제주로 가서 전투에 필요한 말을 구해 돌아오다 풍랑을 만나 익사했는가 하면, 또 다른 동생 경흥도 진주성전투에서 종후와 함께 전사했다. 또 고경명의 딸도 칼에 엎드려 순절했다. 고경명 3부자는 글을 읽고 벼슬길에 나아간 선비였지만 나라가 위기에 처하자 의병을 자처해 목숨을 던졌던 것이다.

고경명의 『마상격문』은 임란 이후 사회에 널리 회자되었고, 초고 상태 그대로 판각되어 전파되었다. 청음 김상헌의 증손인 김수항은 "지금 이 격문을 보니 그가 의병을 일으키던 날 말을 타고 손수 쓴 것인데, 붓을 휘둘러 글을 이루니 대구가 정밀하고 공교하고 고친 것이 약품이나 이而 자에 그치고 있다"면서 『마상격문』을 지은 고경명의 탁월한 필력을 흠모하기도 했다.

고경명은 문인 관료를 지낸 당대의 시인이었다. 제봉은 27세에 식년 문과에 장원으로 급제하고 말 한 필을 하사받았다. 그 뒤 임금의 장학생(호당)으로 뽑혀 독서하며 연구했다. 임금의 총애는 지극했다. 명종은 자주 술자리를 마련해 제봉을 불러다가 시를 짓게 했다. 1562년에 제봉은 과거 시험관으로 나가 송강 정철을 장원으로 뽑았다. 그 뒤 홍문관 교리를 지냈고, 고향으로 내려와 19년 동안 은거했다. 무등산을 오르고 『유서석록遊瑞石錄』이라는 기행문을 남겼는데, 산중의 수려한 경관을 노래한 이 기행문은 명문으로 소문이 났다. 제봉은 향리에 은둔하다 49세에 영암 군수로 다시 벼슬길에 올라 임란 직전까지 동래 부사를 지냈다. 고경명은 벼슬아치 이전에 시인으로 더 명성이 자자했다.

고경명의 집안은 대대로 과거에 급제한 전형적인 문인 집안이었다. 조부 고운은 형조좌랑을 지냈고 조광조와 친교를 맺고 을묘

500년 동안 충절을 바친 제봉 고경명의 종가 모습 조선 시대에 명문가는 사회적 책임을 다해야 하는 곳이었다. 요즘은 대기업이 그 자리를 대신하고 있다. 그렇지만 대기업은 아직 사회적으로 존경받지 못하고 있다. 고경명가의 '세독충정' 정신을 조금만이라도 닮아보자.

사화에 연루되어 낙향했다. 고운이 문과에 급제한 후 점차 이 지역에서 주도적인 활동을 하게 된 장흥고씨는 100여 년간 5대에 걸쳐 문과 급제자 10명을 배출하면서 이 지역의 대표적인 가문으로 성장했다. 고경명의 부친 고맹영은 과거로 벼슬에 나아가 명종 때 대사간을 지냈고, 고경명 역시 과거에 장원급제해 벼슬길에 나아갔다.

청계 김진의 5형제 중 3형제가 과거에 급제했듯이 고경명의 아들 5형제 중 3형제도 나란히 과거에 급제했고, 모두가 당대의 인재였다. 특히 부자가 모두 글을 잘 짓는 선비였다. 큰아들 종후는 시와 글씨, 그림에도 뛰어나 호남파 5대 시인으로 손꼽혔다. 아버지와 동생(인후)이 금산전투에서 전사하자 "불행한 때를 만나 집안의 화변이 망극하다. 불초고는 초토에 누워 이 왜적들과 함께 한 하늘을 이고 살아 있는 것이 참을 수가 없다"라는 격문을 돌리면서 의병을 모아 영남으로 달려갔다. 성이 왜병에게 함락당할 때 고종후는 김천일, 최경회와 함께 남강에 몸을 던져 순절했다. 아버지가 의병장으로 나서자 함께 금산전투에서 싸우다 순절한 차남 인후도 문과에 급제해 벼슬이 학유에 이르렀다. 고경명의 둘째 딸(영광 유생 노상룡의 처)도 정유재란 때 왜적을 꾸짖으며 칼을 안고 엎드려 순절했다.

고경명의 손자이자 고종후의 아들인 고부립 또한 정묘호란 때의 의병장이었다. 선조는 고경명 일가의 죽음을 애도하며 광주에 사당을 짓게 하여 친히 포충사褒忠祠라는 명칭을 내렸다. 고인후의 둘째 아들 고부천은 문과에 급제해 사헌부장령과 서장관 등을 역임했는데, 1624년에 이괄의난이 일어나자 의병을 일으키기도 했다. 고경명 가문은 임란에서 시작해 정묘호란, 이괄의난 등 격변기마다 3대에 걸쳐 의병에 앞장섰던 것이다.

고경명 가문은 3부자가 임란 때 전사해, 선조로부터 3부자 모두 시호를 받아 불천위가 되었다. 또한 고경명과 고용후에 이어 고인후의 아들 고부천이 문과에 합격하고 중국에 서장관으로 다녀와, 3대에 걸쳐 서장관을 배출한 가문으로도 기록된다. 3대 의병과 3대 서장관은 조선 시대를 통틀어 지극히 드문 가족사이다.

위기 시대에 가문의 후계자 역할을 다한 막내 고용후

아주 오랜 옛날, 이타카라는 나라에 오디세우스라는 왕이 있었다. 지혜로운 왕이었던 그는 전쟁에 나가게 되자 친구인 멘토에게 어린 아들 텔레마쿠스를 지혜로운 사람으로 키워달라고 부탁한다. 전장에서 죽어 다시 돌아올 수 없는 최악의 상황에 대비하기 위한 것으로 위기관리 지침이라고 할 수 있다. 오디세우스의 아들과 아내 페넬로페는 오디세우스가 없는 20년 동안 위기를 잘 견뎌 마침내 재회하게 된다. 아들은 왕의 재목감으로 컸고, 아내는 20년 동안 정절을 지켰다.

호머의 『오딧세이』에 나오는 이 이야기에서 급작스러운 위기에 처할 때 한 가정의 구성원들이 각자 어떻게 위기에 대응하면 좋은지에 대한 암시를 얻을 수 있다. 각자가 자신의 위치에서 위기관리자가 된다면 어떠한 난국도 이겨낼 수 있다는 말이다.

고경명의 막내아들 고용후는 부친과 그의 두 형이 순절하는 비운을 당했지만 그 자신은 나이가 어려 살아남을 수 있었다. 고용후는 아버지와 형들을 따라 함께 전투에 참가하려 했지만 '가문의 미래'를 기약해야 한다는 아버지의 만류로 참전을 포기해야 했다. 이후 고용후는 아버지의 바람대로 학업에 힘써 과거에 급제하여 예조좌랑 등을 지냈는데, 고경명처럼 독서당讀書堂으로 뽑혀 글 잘하는 문인으로도 이름을 얻었다.

임진왜란 당시 15세였던 고용후는 당시를 이렇게 회상했다.

부친께서 의병을 일으켜 왕사王事를 도울 때 나는 막 열다섯을 지난 나이였다. 흐느끼며 따라가니 부친께서 길에서 잠시 멈추어 손을 잡고 말씀하셨다. "너는 울지 마라. 내가 나라를 위해 한 번 죽음은 직분일 뿐이다…… 적의 형세가 비록 성하나 우리 조정의 국운은 장구하니 반드시 중흥할 것이다. 네가 만일 급제하여 조정에 서면 마땅히 충성을 다하고 집안의 명성을 떨어뜨리지 마라. 늙은 아비는 이번 길에 죽음으로써 맹서하니 부자가 서로 볼 것을 기약할 수 없구나. 오늘의 말을 너는 뼈에 새겨라." 그러고는 드디어 말에 올라타고 가셨다.

(국역 『제봉전서 下』에서)

임란 당시 제봉과 함께 출정한 고종후와 고인후는 각각 39세, 32세였지만, 막내 고용후는 15세로 나이가 어렸다. 부친 고경명은 고용후의 참전을 만류하고 피난길에 오르게 했다. 국가적인 위기 상황에 가문의 위기관리에 나선 것이다. 특히 고경명은 막내 용후에게 창평을 떠나 안동의 고성이씨 종가인 임청각이나 의성김씨 학봉 김성일가로 피신할 것을 당부했다. 고영준 씨는 "제봉은 의병을 모아 금산전투로 가기 전 아들 삼형제에게 '맏이와 둘째는 나와 함께 전쟁에 참여하고 막내인 용후는 가통을 이어야 한다'고 훈계했다"는 일화를 전했다.

고용후는 부친의 당부대로 큰형인 종후의 처가인 안동 임청각으로 피신하고, 일행 중 일부는 안동의 학봉 김성일 종가로 피신했다. 이 기록은 고경명가에는 남아 있지 않고 학봉 김성일가에 전해진다. 임진왜란 때 순직한 김성일과 고인후는 우연의 일치인지 둘 다 호號가 학봉鶴峯이다. 고경명 3부자는 금산전투와 진주성 전투에서 모두 전사하고, 학봉 김성일도 진주성에서 아들과 함께 전염병으로 병사했다.

고용후는 후일 부친의 바람대로 문과에 급제했다. 안동으로 피신한 지 10년이 지난 1617년에 고용후는 안동 부사로 부임했는데, 학봉의 부인과 큰아들 김집을 관아로 초청하여 "학봉가의 도움이 없었다면 지금의 나는 존재하지 않았다"면서 잔치를 베풀었다고 한다.

고용후는 아버지와 형들을 비롯한 집안사람들의 모든 기록을 정리하여 세상에 남겼다. 여기서 비롯되어 호남 지역에는 지금도 '무청사無晴沙면 무제봉無霽峯'이라는 말이 회자되고 있다. 막내아들 청사가 없었더라면 고씨 집안의 행적이 남지 않아 고씨 3부자의 의로운 행적이 전해지지 않았을 것이라는 의미다.

고경명은 아들 용후에게 마지막으로 "내가 지은 시문 약간 편을 모두 네게 맡기니 너는 받아서 잘 간직해라"라고 말했다. 고용후는 정유재란 때에도 그것을 포대에 넣어 지고 다니면서 보전했다. 고경명이 죽은 지 22년이 되던 해에 고용후는 백사 이항복을 찾아가 아버지 시문의 편집을 부탁했다. 백사는 서문을 직접 써서 『제봉집』을 세상에 내놓았다. 조선 시대에는 고인의 문집을 제자와 후손들이 세상에 내놓았는데, 뛰어난 제자나 아들이 없으면 불

3개 성씨에 걸쳐 사위 가문에게 대물림된 상월정 전남 창평과 경주 양동은 외가의 기운이 특히 센 곳이다. 굴러온 돌이 박힌 돌을 뽑아냈지만 큰 인물들이 세상을 구해 그에 보답했다. 그러고 보면 세상만물의 영원한 주인은 없는 것 같다.

가능한 일이었다.

고경명 3부자의 행적이 알려지고 오늘날까지 전해질 수 있었던 데에는 고용후의 역할이 컸다. 고용후는 무려 6명의 가족이 임진왜란 와중에 순절하는 비운을 당했지만 다시 학문에 정진해 과거에 합격했고 부친과 형들의 행적을 남김으로써 자신의 역할을 다했다. 위기 상황에도 자신뿐만 아니라 가문의 위기관리에 주도적으로 나서서 가문을 위기에서 구한 것이다. 그것은 모두 고경명의 '세독충정' 정신에서 비롯되었다고 볼 수 있다.

천 년간 인재 산실의 역할을 다한 '상월정'

명문가의 경우 외가나 처가에 '신세'를 지는 경우가 많은데, 창평 고씨 고인후 가문도 예외는 아니었다. 창평은 원래 언양김씨와 함평이씨가 터줏대감이었지만 고인후의 후손들이 정착한 뒤로는 고씨들의 무대가 되었다. 여기에는 상월정上月亭이라는 '가문의 공부방'이 있었다. 창평고씨 고인후 종가 뒤 월봉산 중턱에 자리잡은 상월정은 처음에는 언양김씨 가문의 공부방이었지만 함평이씨에게서 다시 창평고씨로 넘어갔다.

상월정은 천 년 전에는 '대자암'이라는 절이었다. 언양김씨들의 공부방 역할을 한 대자암은 1457년에 강원 감사를 지낸 김응교가 상월정으로 명칭을 바꾸었다. 불교에서 유교로 국교를 내건 조선이 건국했기 때문이다. 상월정은 이어 언양김씨의 사위가 된 함평이씨 가문으로 넘어갔다가 다시 함평이씨의 사위가 된 장흥고씨로 넘어왔다. 모두 외가에게 소유권을 넘겨준 것이다. 고영준씨는 "언양김씨와 함평이씨가 각각 300년씩 600년을 경영하다가 창평고씨들이 17세기부터 주인이 되었다. 창평은 외가의 기세가 센 지역이다"라고 우스갯소리로 말한다.

창평의 고씨가 상월정의 주인이 된 것은 학봉 고인후가 금산전투에서 순절한 뒤라고 한다. 고인후는 황해 감사를 지낸 함평이씨 이경의 사위다. 이경은 사위가 죽자 외손자에게 상월정을 물려주었다. 이후부터 고인후의 후손들이 창평에 살게 되었고 수많은 인재들이 배출되면서 '창평고씨'라는 별칭을 얻었다. 특히 신

학문을 일찍 수용한 삼천에서 인재가 많이 나왔다. 고영준 씨는 "종가가 있는 유천리는 종가의 전통을 지켜야 한다는 점에서 다분히 보수적이어서 신학문을 받아들이는 데 다소 시일이 걸렸다"고 말한다.

상월정은 고인후의 후손인 고정주가 벼슬을 그만두고 이곳에 영학숙英學塾을 만들면서 '가문의 공부방'을 넘어 '호남의 공부방'으로 거듭났다. 영학숙은 말 그대로 영어를 가르치는 학교였다. 고영준 씨는 "이표라는 이름의 외국인 선교사가 영어교사를 한 것으로 전해지고 있다"고 소개한다. 지금도 영어를 제대로 배우려면 원어민 교사를 꼽는데 이미 100여 년 전에 외국인 교사를 두고 영어를 가르친 것이다. 영학숙은 이어 창흥의숙으로 확대되었고, 이것이 지금의 창평초등학교의 전신이다. 창흥의숙은 수업료를 받지 않았고 점심도 무료로 제공했다.

상월정 무려 천 년을 넘긴 공부방으로 월봉산 중턱에 있다. 동아일보를 창립한 인촌 김성수를 비롯해 가인 김병로, 고하 송진우 등이 이곳 상월정에서 공부했다.

상월정과 창흥의숙은 고씨 일가 자제들의 배움터였을 뿐

만 아니라 이 지역의 인재들을 사회에 배출하는 산실이 되었다. 대표적 인물로 고창의 만석꾼 집안인 인촌 김성수와 가인 김병로, 고하 송진우가 꼽힌다. 상월정은 이들이 드나들면서 이 지역 인재들의 집결지가 되었다. 어머니가 창평고씨인 인촌은 어려서부터 외가에 살았는데 13세 때 고정주의 딸과 결혼했다. 또한 인촌은 며느리도 두 명이나 고씨 집안에서 얻었다. 외가와 처가, 사돈댁이 모두 창평고씨였다. 김성수는 친일 논란이 있기는 했지만 동아일보를 창간하고 중앙중학교와 보성전문학교를 인수해 우리나라 사학의 주춧돌을 세웠다. 순창 출신의 가인 김병로는 신간회 활동을 거쳐 해방 후 초대 대법원장을 지낸 인물이다. 담양 출신의 송진우는 김성수와 함께 영학숙에서 영어를 배우고 일본 유학 후 돌아와 동아일보 사장에 취임해 일장기말소사건으로 사임할 때까지 30년 동안 회사를 이끌었다. 상월정은 독립운동을 주도한 인재를 배출한 연유로 우리나라 '우파의 발원지'로 평가받기도 한다.

고씨의 인재들은 신교육에 앞장선 삼천리에서 쏟아져 나왔다. 동아일보 사장을 지낸 고재욱을 비롯해 고재호(대법관), 고재청(국회 부의장), 고재량(부장판사) 3형제와 이들 조카인 고주석(헌법재판관), 고재천(전남대 교수)과 고재필(보사부장관) 형제, 고윤석(서울대 부총장), 고광표(대창그룹 회장), 고정석(산업은행장) 등을 배출했다. 또 고인후의 후예답게 고명승 장군(보안사령관), 고진석 장군(한미연합사 부사령관)이 의병의 정신을 잇고 있다.

창평은 고씨의 외가인 함평이씨와 그들의 외가인 언양김씨들은 살지 않고 있어 고씨들의 집성촌이나 다름없다. 오늘날 창평의 고씨들이 주목을 받기까지는 천 년 전 상월정을 만든 언양김씨에서부터 시작해 함평이씨들이 뿌려놓은 씨앗이 있었다. 이 씨앗을 밀알 삼아 장흥고씨들이 의기투합해 의병과 신교육을 통해 수많은 인재들을 배출해 낼 수 있었던 것이다. 가문의 영화는 마치 사계절의 변화처럼 시간의 흐름 속에 엄격하게 진행됨을 알 수 있다. 한때 영원할 것처럼 장성하던 가문도 시간 앞에서는 무력해지는 것이다.

투톱 체제로 단점을 보완하며
위기를 관리하라

우리나라에 존경받는 부자 가문으로 경주 최부잣집이 있다면, 스웨덴에는 발렌베리 가문이 있다. 세계적인 '청부 기업'으로 통하는 발렌베리 그룹은 금융업에서 출발해 국가 전략 산업인 전자, 엔지니어링, 원자력, 자동차, 항공, 정보 산업에 이르는 11개 핵심 업체를 보유하고 있다. 세계적인 통신회사인 에릭슨은 발렌베리가 키운 대표적인 글로벌 기업이다.

발렌베리 가의 경영 원칙은 '존경받는 부자가 되려면 먼저 애국심부터 가르쳐라'로 요약된다. 발렌베리 가문은 돈을 벌어 자신과 자신의 가족들을 위해 쓰지 않고 사회에 되돌려주는 것을 제도화했다. 발렌베리는 매년 회사 이익금의 85퍼센트를 법인세로 납부해 사회에 환원하고 있다.

발렌베리 그룹이 가족 경영을 하는 기업이면서도 5대에 걸쳐 150년간이나 스웨덴뿐만 아니라 세계적으로 존경받는 기업의 화신이 되고 있는 비결로는 다름아닌 '투톱 경영'을 꼽을 수 있다. 발렌베리 그룹은 창업자를 제외하고 2대부터 5대까지 모두 투톱 체제를 유지했다. 최고위 경영층에서부터 '견제와 균형checks and balances'

의 원칙이 작동할 수 있는 제도적 장치를 만들어둔 셈이다. '견제와 균형'의 원칙은 국가 권력을 분리시켜 상호 견제, 제어하게 함으로써 국가 질서의 균형 있는 안정을 이루게 하는 통치 원리다.

발렌베리 그룹 투톱 체제의 특징은 투톱의 한 축은 반드시 장자가 맡고 나머지 한 축은 경영 능력을 검증받은 동생(사촌 등 포함)에게 맡겨졌다는 점이다. 현재 투톱 경영자 중 한 명인 마쿠스 발렌베리는 지주회사인 인베스토의 사장과 SEB 회장을 맡고 있고, 투톱의 다른 한 축으로 사촌지간인 야콥 발렌베리는 인베스토의 회장과 SEB 부회장을 맡고 있다. 발렌베리가 투톱 시스템을 도입한 것은 독단으로 흐를 수 있는 오너 경영의 단점을 피하기 위한 것이다. 한때 동갑내기(1956년생) 사촌끼리 각각 회장과 사장을 맡아 권력 암투가 있다는 풍문이 돌았지만, 이에 대해 야콥 발렌베리 회장은 한 인터뷰에서 "우린 누가 상급자이고 누가 하급자라고 생각지 않는다. 함께 일하면 훨씬 더 강해진다"고 답변한 바 있다.

발렌베리 가는 존경받는 부자가 되기 위한 청부의 정신과 이를 실현하기 위한 엄격한 선발 방식에 따라 투톱 경영 체제를 유지해오고 있다. 제봉 고경명 가문의 경우도 이에 견주어 설명할 수 있을 것이다. 먼저 고경명 가문에서는 문인이면서 60세에 의병장으로 나선 고경명의 '세독충정' 정신을 들 수 있다. 발렌베리 가문에는 부자가 되기 위해 먼저 애국심부터 가르친 '청부'의 정신이 있다면, 고경명가에는 사회적 책임을 다하는 '세독충정'의 정신이 있다고 하겠다.

고경명은 두 아들과 함께 의병의 깃발을 올렸고 왜적과 맞서 싸우다 죽었다. 왜적이 쳐들어오자 지방의 관리나 병사 들조차 도망가던 국난의 시기였지만, 벼슬도 없이 낙향해 있던 노선비인 제봉은 의병장으로 나섰다. 문인의 길을 걸어왔지만 국가에 위기가 닥치자 무인을 자처하고 나선 것이다.

나라가 위기에 처할 때 분연히 떨치고 일어나 국가를 위해 내 한 몸 바친 제봉의 세독충정 정신은 이후 후손들에게 그대로 이어졌다. 그의 리더십은 대대로 재생산되어 그의 후손들에게 각인되었고, 300여 년 후에 다시 재현되었다. 더욱이 이번에는 세독충정을 실현하는 방법이 '의병'과 '신교육'이라는 투톱의 형태로 나타났다. 마주하고 있는 유천과 삼천의 두 마을은 확연히 다른 노선을 취했지만 갈등하거나 대립하지 않았다. 오히려 서로를 감싸 주고 단점을 보완해 가며 세독충정의 정신을 실현하는 데 뜻을 모으고, 위기 국면을 슬기롭게 헤쳐 나갔다.

세독충정의 정신을 실현하기 위해 창평의 고씨들은 장단기적 전술, 온건과 강경 투쟁, 좌익과 우익 노선 등 투톱 체제를 적극적으로 활용했다. 고광순의 의병 투쟁이 강경파라면 고정주의 신교육운동은 온건파에 해당할 것이다. 의병이 현실적인 대안이라면 신교육은 중장기적인 대안이다. 단기적인 전략과 중장기적인 전략으로 서로 단점을 보완할 수 있었던 것이다. 요즘 기업들이 위기관리를 위해 투톱 CEO 체제를 운영하는 것과 마찬가지로 창평의 고씨들은 국가적인 위기 상황에서 두 노선의 공존을 통해 목적 달성을 위한 중지를 모았다.

창평에서는 지금도 인민군 치하에서 있었던 일들이 회자되고 있다. 북한군이 남한을 점령한 1950년 7월 이후 경상도를 제외한 전국이 인민군 치하에 들어갔다. 이른바 '인민군 세상'이 된 것이다. 조정래의『태백산맥』에서와 같은 일이 벌어질 수도 있는 상황이었다. 이 소설에서는 계급혁명의 선도자 염상진과 반공주의를 대표하는 염상구 형제, 중도적 민족주의자 김범우 등과 같은 인물들이 피를 흘리며 서로 싸운다. 당시 인민군 치하에서 '이념'은 피보다 진했다. 친형제간에도 서로 죽이고 죽임을 당했을 정도다.

창평도 인민군 치하에 들어갔다. 그러나 창평에서는 형제들이 서로를 죽이는 일은 일어나지 않았다. 동아일보 편집국장인 고재욱은 전쟁이 발발하자 고향인 창평으로 피신해 있었다. 인민군이 들이닥치고 세상은 인민군 치하에 들어갔다. 고재욱은 언제 잡힐지 모르는 상황에 놓였다. 이때 창평의 인민군 치하 분주소장인 고인석은 고재욱을 급히 부산으로 피신시켰다. 자칫 성난 인민들에 의해 목숨을 잃을 수도 있기 때문이었다.

창평에도 염상진, 염상구 형제와 같은 이들이 있었다. 우익 언론인인 고재욱과 달리 동생 고재국은 사회주의 노선을 걸었다. 경성제대를 나온 고재국은 사회주의 노선에 서서 독립운동을 하고 고향 창평에서 청년학교를 만들기도 하면서 신교육운동에도 앞장섰다. 한때는 전향해 장택상 외무장관 밑에서 정보과장을 지내기도 했지만 전쟁이 발발하고 인민군 치하가 되자 다시 좌익 편에 섰고, 결국 전쟁중에 월북해 김일성종합대학 교수를 지냈다.

당시 인민군 치하에서는 전라도뿐만 아니라 전국이 인민재판으로 피로 물들었지만 창평에서는 형제와 일가 간에 피를 부르는 '유혈극'이 거의 없었다. 그들이 국난의 시기를 지혜롭게 헤쳐 나갈 수 있었던 것은 고경명의 세독충정 정신으로 리더십을 재생산해 왔기 때문이다. 장흥고씨들은 서로 죽고 죽임을 당하는 유혈극 대신 이념이 달라도 서로를 보듬어주면서 위기를 관리하며 어려운 상황을 이겨낼 수 있었다.

강력한 카리스마를 가진 이들은 후손에게 등대와 같은 역할을 하고, 자손들 또한 이들을 정신적 지주로 삼는다. 이들이 남긴 가훈 혹은 유언은 대대로 지켜지며 정신적인 구심체와 정체성의 상징이 된다. 대니얼 골먼은 "특정 체제가 지속적으로 발전할 수 있는 것은 지도자 한 사람의 카리스마 때문이 아니라 자신의 체계 안에서 리더십을 계발했기 때문"이라고 말한다.

발렌베리 가문이나 고경명 가문에서와 같이 한 가문의 CEO는 대대로 가문의 정신적 지주가 되고 후손들에게 큰 영향을 미치는 존재가 된다. 자연스럽게 역할 모델이 되면서 그의 리더십이 재생산되는 단계에 이른다. 즉 한 사람의 걸출한 스타가 배출되면 그 이후에는 후손들이 그의 정신을 이어받아 리더십을 만들어내는 것이다.

고경명가의 후손들은 400년 동안 '세독충정'이라는 정신에 따라 나라 사랑의 리더십을 재생산해 왔다. 국가적인 위기 상황에서 세독충정을 잊지 않고 의병과 신교육이라는 '투톱 체제'를 선택한 것이다. 세독충정은 자신이 소속된 조직이나 직장에 충실하고 위기가 닥치면 몸을 던져 대처하는 등 자신이 맡은 일을 열성적으로 다하는 정신과 자세라고 현대적으로 해석할 수 있겠다.

500년을 이어온 '계일' 정신, 저헌 이석형

겸손이야말로
조선 최고
명문가의 원천이다

이석형가에서 배우는 절제 경영 – 계일戒溢

집안이 나쁘다고 탓하지 말라.
나는 아홉 살 때 아버지를 잃고 마을에서 쫓겨났다.
—칭기스칸

가득하면 손실을 부르고 겸손하면 이익을 받는다.
—『서경』에서

500년 이어져온 '계일' 정신, 저헌 이석형이 실천한 '단계5의 리더십'
– 부와 권력에 유혹당하는 이들에게 주는 5계명

- ◉ 정상에 있을 때는 항상 넘침을 경계하라
- ◉ 부와 함께 명성도 관리하라
- ◉ 오만을 경계하고, 계명을 만들어 되새겨라
- ◉ 주류main stream로서 책임을 다하라
- ◉ 가족의 탐욕을 단속하라

'연리광김'이라는 최고의 명가 브랜드를 낳다

계영배戒盈杯라는 잔이 있다. 술이 일정한 높이에 차오르면 새어 나가도록 만든 잔이다. 전설 속의 잔을 연상케 할 정도로 신비롭다. 계영배에 얽힌 실화도 전해오는데, 조선 시대의 도공 우명옥은 스승도 만들지 못한 설백자기를 만들어 명성을 얻은 인물로 전해진다. 그 후 우명옥은 방탕한 생활로 재물을 모두 탕진하고서야 스승에게 돌아와 자신의 잘못을 뉘우치며 계영배를 만들었다. 이 계영배는 거상 임상옥이 갖게 되었는데, 그는 계영배를 늘 곁에 두고 과욕을 다스리면서 큰 재산을 모았다고 한다.

한 가문에서 인재를 배출하고 가문의 위상이 드높아져 권력과 재력의 기운이 왕성해지면, 그 가문은 세인의 부러움을 사게 된다. 이때 존경받는 가문이 되느냐, 가문 이기주의에 빠져 자신만의 영달을 추구하는 가문이 되느냐에 따라 가문의 격이 달라진다.

조선 시대 중기부터 시작해 조선 최고의 문형을 배출한 가문 가운데 연안이씨가 자리하고 있다. 조선 시대에 대제학 출신은 '문형文衡'이라 불리며 우대를 받았다. 문형은 '온 나라의 학문을 바르게 평가하는 저울'이라는 뜻으로 '대제학'의 별칭인데, 학문의 권위만 높다고 해서 얻을 수 있는 관직이 아니었다. 문형이 되려면 문과 대과 급제자 중에서도 원칙적으로 호당湖堂 출신이어야만 가능했다. 호당이란 독서당의 별칭으로, 젊고 재주 있는 문신으로서 임금의 특명을 받은 사람들이 공부하던 곳을 말한다. 대제학은 학문과 권위, 행운이 깃들어야 비로소 오를 수 있는 자리였다고 볼 수 있다. 비유하자면 '국왕(국비) 장학생'에 해당한다. 국왕이 가장 아끼는 최측근 관료들인 셈이다. 연안이씨는 호당 출신이 10명으로, 최다 인원을 배출했다.

연안이씨는 문과 합격자 250명을 배출하면서 정승 9명(1위), 대제학 8명(1위), 청백리 7명(1위), 기로소(국가원로) 22명(1위), 호당 출신 10명(1위), 문장가 5명(1위), 판서(장관급) 54명을 낳았다.

그 출발은 저헌 이석형(1415~1477)으로부터 시작된다. 특히 이정구-이명한-이일상에 이르면서 3대 대제학을, 이복원-이만수 부자 대제학을, 이복원-이시수 부자 정승을 배출했다. 월사 이정구(1564~1635)는 바로 이석형의 고손이다.

대제학이 벼슬로는 정2품이지만 조선 시대에는 대제학을 배출한 집안을 으뜸으로 쳤다. "열 정승이 죽은 대제학 한 사람을 못 당한다"는 말이 유행할 만큼 대제학은 학문의 대가에게 내려지는 벼슬이었다. 3대에 걸쳐 대제학을 배출한 가문은 연안이씨에서 시작해 광산김씨 사계 김장생 가문과 전주이씨 백강 이경여 가문, 대구서씨 약봉 서성 가문, 이렇게 4개 가문뿐이다. 그중에서 이석형 가문이 처음으로 3대 대제학이라는 기록을 세웠다.

조선 시대에 대제학을 가장 많이 배출한 가문을 상징하는 말이 있는데, 바로 '연리광김延李光金'이다. 조선 시대에 배출된 대제학이 모두 134명인데, 광산김씨와 연안이씨, 전주이씨가 각각 7명으로 단일 성씨로는 가장 많다. 고위 공직자를 많이 배출하는 것도 가문의 경사였지만 대제학은 그보다 더 큰 영광으로 여겨졌다. '연리광김'은 높은 공직보다 정신적 품격을 추구한 것이라고 할 수 있다.

'연리광김'의 광산김씨에서는 사계 김장생과 그의 아들 신독재 김집 부자가 모두 문묘(우리 역사상 최고의 대학자로 모두 18명이 이곳에 모셔졌다)에 배향된 대학자다. "일류 아버지 아래에서 이류 아들이 나온다"는 말처럼, 아버지가 이름을 떨치면 그 아들들은 대부분 아버지의 그늘에 가려져 큰 인물이 되지 못하는 일이 다반사인데, 김집은 부친의 명성에 필적하는 학문적 성취를 일궈냈다. 인간사에는 언제나 예외가 있는 법이다. 『구운몽』과 『사씨남정기』의 저자인 서포 김만중은 사계 김장생의 증손자로, 이 가문에서 3대 대제학과 형제 대제학을 배출했다. 3대 대제학은 김만기-김진규-김양택(3대)이고, 형제 대제학은 김만기(숙종의 장인)-김만중 형제다. 연리광김이라는 말이 결코 허언이 아님을 알 수 있다.

연안이씨의 성공시대를 연 저헌 이석형이 세운 계일정 항상 '넘침'을 경계하라. 권세가 있을 때, 경기가 호황일 때 위기에 대비하기가 쉽지 않다. 위기의 조짐이 보일 때 대비해도 잘하면 위기를 넘길 수 있다. 그러나 위기가 닥쳤을 때는 이미 늦다.

연안이씨는 저헌 이석형으로부터 고손자인 월사 이정구로 이어지고 그로부터 3대에 걸쳐 대제학이 나오면서 조선 최고의 가문으로 자리잡기 시작했다. 특히 문장가인 이정구 가문에서만 무려 72명의 문과 합격자를 배출해 새로운 소종파를 만들었다. 또한 정승 6명, 대제학 7명이 월사의 후손에서 나왔다.

또 이정구의 손자 8명이 모두 문집을 내어 '8상相'으로 유명하다. '8상'은 이정구의 두 아들인 이명한과 이소한의 각기 네 자녀의 항렬이 '상相'인 것에서 연유한다. 이들 8상은 병사한 만상을 제외하고 모두 과거에 합격해 대부분 당상관 이상의 고관을 지냈다. 이정구의 손자들답게 모두 문집을 남겼고, 시호를 받은 이도 4명에 이른다.

형제들이 이름난 가문으로는 후안동김씨(장동김씨) 김수항의 아들로 김창집을 비롯한 여섯 형제인 6창昌, 연안이씨 이정구의 손자인 이단상을 비롯한 8상相, 광산김씨 김만기의 손자인 김춘택을 비롯한 8택澤이 형제간으로 관명과 문명을 날렸다.

연안이씨 후손들의 행적을 좇다보면 한 가문에서 인재를 배출하는 데도 일정한 주기가 있다는 것을 알 수 있다. 경기나 주식시장도 일정한 흐름을 탄다. 강성하게 뻗어 오르는 기운도 어느 순간에 꺾이곤 한다. 인재의 배출도 이와 유사하다. 연안이씨의 경우 이정구의 손자인 8상 가운데 7명이 문과에 합격하면서 연안이씨의 전성기를 열었다. 8상은 평균 두 명꼴로 아들을 두어 15명(조朝의 항렬)으로 늘어났다. 이들 15조는 문과 합격자가 2명에 그쳐 아

이석형의 묘와 종가 인근에 있는 연안이씨의 비각공원 저헌 이석형의 묘와 종가가 있는 용인시 묘현면 안골마을에 가면 조선 최고의 명문가 브랜드를 만든 연안이씨의 내력을 만날 수 있다.

버지 세대만큼 이름을 떨치지 못했다. 반면 사위들이 그 틈을 메웠는데, 사계 김장생의 증손인 김만균과 김만중을 비롯해 청음 김상헌의 증손인 김창협 등 명사들과 혼맥을 맺었다.

15조에 이어 그 아들과 손자 대에 이르러 다시금 인재들이 배출되었는데. 이정구의 직계 후손 가운데 과거 합격자가 무려 72명에 달했다.

황해도 변방에서 한양의 '주류'로 편입하다

연안이씨 가문의 초석을 쌓은 저헌 이석형은 이른바 '3장원'으로 이름을 떨쳤다. 그는 27세 때 생원과 진사시, 문과에 모두 장원으로 합격해 당시 세종을 비롯해 세상 사람들을 놀라게 한 인물이다. 세종은 그를 집현전에 중용했다. 이석형은 세종을 시작으로 문종, 단종, 세조, 성종에 이르기까지 모두 다섯 임금의 총애를 받았다.

저헌의 조부는 다름아닌 이종무다. 이종무는 이성계가 조선을 세우는 데 일조해 개국공신에 책훈된 인물로 대마도를 정벌했다. 이종무와 그의 아들 이회림이 잇달아 태조와 태종의 신임을 얻어 각기 공신에 오르면서, 황해도 연안 출신으로 하급 관료에 머물던 연안이씨는 중앙의 사대부 가문으로 변신할 수 있었다. 즉 이회림 때에 비로소 북방 연안지방을 벗어나 서울에서 살기 시작한 것이다. 이는 다름아닌 당대의 주류 세력으로 진입했음을 의미한다. 이어 저헌 이석형을 거쳐 그 고손인 월사 이정구에 이르러 가문의 전성기를 맞기 시작했다.

이정구는 임진왜란의 와중에 명나라의 '정응태 무고 사건'으로 조선이 위기에 처하자 백사 이항복과 함께 명나라로 가서 무고함을 밝힌 문장가다. 월사의 문장가로서의 명성은 연안이씨가 세상의 중심으로 우뚝 서게 된 일대 사건이었다.

'정응태 무고 사건'이란 1598년 명나라 병부주사 정응태가 조선에 파견된 장수와 알력이 생기자 조선에 반감을 품고 "조선에서 왜병을 끌어들여 명나라를 침범하려 한다"고 명나라 황실에 무고誣告한 사건이다. 이때 명나라 조정에서 몹시 분노하여 조선을 침공해야 한다는 논란이 크게 일었다. 이러한 사태가 벌어지자 조선 조정에서는 먼저 신하들에게 변무주문(변명 상소문)을 지어 올릴 것을 명했다. 여러 신하들이 작성해 올렸는데 그중 월사 이정구의 글이 뽑혔다. 당시 병조참의였던 이정구는 이미 문장가로 정평이 나 있었고 선조의 총애를 받아 외교문서를 전담하기도 했다.

이정구는 오늘날 청와대 비서실의 외교문서 작성에 능한 문장가에 비할 수 있겠다. 요즘 대기업에서는 기자 출신의 기획형 인재를 선호하는 경향이 있고, 아예 연설문 담당 핵심 중역을 두기도 한다. 이는 기자들이 마감 시간에 쫓겨 기사를 쓰면서도 순발력 있는 문체를 구사할 뿐만 아니라 논리적으로 글을 전개하기 때문이다.

이정구는 부사副使의 자격으로 진주사陳奏使(조선 시대에 외교적으로 중국에 통고해야 할 일이 생길 경우 임시로 파견한 사신)인 우의정 이항복과 함께 연경으로 갔다. 두 사람은 조선은 결코 명나라를 칠 까닭이 없다는 변무주문을 전달해 명나라 황제를 설득하는 데 진력했고 정응태의 무고임을 밝히는 데 성공했다. 월사의 글이 명나라 신종 황제의 마음을 움직인 것이다. 명나라 조정은 일개 신하의 망동으로 커다란 과오를 범할 뻔했다며 정응태를 파직시켰다. 월사와 백사의 합작으로 조선을 위기에서 구하는 외교적 성과를 거둔 것이다. 당시 월사의 나이 35세였다.

이정구가 작성한 변무주문은 물론 오늘날의 관점에서 보면 굴욕감이 느껴질 정도다. 일부에서는 사대주의적 문장으로 폄훼하기도 하지만 당시의 시대정신에서는 최선의 문장을 구사했던 것이다. 정응태 무고 사건 당시 선조는 명나라의 대군을 지원받는 속국의 입장이었다.

이정구가 쓴 변무주문의 마지막 문장은 다음과 같다.

비록 원수를 모두 섬멸하고 강토를 모두 회복한다고 해도 악명은 몸에 남아 있을 것이니 이 몸을 가지고 어디로 가겠습니까. 삼가 원하건대 성명聖明께서는 신이 아뢴 바를 가지고 특별히 공정公庭에 내려 별도로 조사하시어 일이 과연 사실이라면 빨리 신의 죄를 바로잡아 왕법을 엄숙히 하시고 만약 억울한 일이라면 빨리 깨끗이 씻어 주어 신으로 하여금 천지간에 떳떳이 살 수 있게 해주시면 신은 비록 하루를 살다 죽더라도 백년을 산 것보다 나을 것입니다.

(『조선왕조실록』선조 105권에서)

이정구는 귀국 후 대제학에 올랐다. 선조는 이항복과 이정구에게 상으로 노비와 전답을 내렸다. 월사는 그 후 여러 차례 사신이 되어 명나라를 왕래했다. 명나라에 다시 갔을 때는 그곳 문사들의 요청에 따라 100여 장의 기행문을 모은 『조천기행록朝天紀行錄』을 중국에서 간행했다. 이 글은 이정구가 중국에 사신으로 갈 때마다 그들에게 써준 시들이다. 그의 문장은 당시의 중국인들도 높이 평가했다. 아래에 인용한 시는 월사가 쓴 「출관춘기상조出關春氣尙早」
(문을 나서니 봄기운 아직 일러)로, 이른 봄날 한양을 떠나 중국에 당도했
을 때의 완연한 봄의 정취를 그리고 있다.

桃花落盡別京華　서울을 떠나올 제 도화 펄펄 날리더니

及到關頭始杏花　이 고장 와서 보니 살구꽃 피는구나.

不是春光有先後　나그네 십리 길 상기 미처 멀었는데

和風偏向帝城多　화사한 봄바람도 임 계신 곳 알겠지.

훗날 좌의정까지 오른 이정구는 신흠, 장유, 이식과 함께 조선
중기의 4대 한문장가로 일컬어진다. 이정구와 김상헌은 같은 스승
(월정 윤근수) 밑에서 공부했다. 월사의 손자인 이일상은 병자호란 때
청음과 함께 척화를 주장했다. 또 월사의 손자 이단상의 학맥은
청음의 손자 김창협, 김창흡 형제에게 이어졌다. 월사 이정구의 연
안이씨 가문은 청음 김상헌의 후안동김씨 가문과 정치적 노선(노
론)과 학맥을 공유하면서 17세기부터 수많은 인재를 배출했다.

두 가문의 후손들이 걸어간 길은 사뭇 달랐다. 청음의 가문은
권력의 유혹을 경계하지 못해 세도정치로 나아간 반면, 월사의 후
손은 가훈인 '계일戒溢'의 정신을 되새기며 조선 최고의 청백리 가
문으로 자리매김할 수 있었다.

저헌 이석형의 종가 경기 용인시 묘현면 안골마을에 있다. '화무십일홍'을 경계하려는 것일까, 마당 한켠에 꽃이 만발해 있다.

넘침을 경계하는 '계일'의 정신

강자의 오만을 의미하는 '히브리스hybris'라는 말이 있다. 그리스 로마 시대의 비극에서 셰익스피어 비극에 이르기까지 '히브리스', 즉 '교만'은 가장 낯익은 테마다. 비극의 주인공은 이상적인 영웅이거나 고결한 사람이지만 항상 치명적 결함을 지니고 있다. 그 치명적 결함이란 다름아닌 인간이기에 떨쳐버릴 수 없는 교만함이다. 인간은 자신의 능력을 과신하거나 부와 명예에 도취되는 순간 복수의 여신 네메시스의 벌을 받아 비극적 몰락의 길로 들어서게 된다. 절대 강자에게는 대부분 이러한 히브리스가 있으며 분수를 모르는 오만으로 인해 파멸한다는 것이다.

독서광인 저헌 이석형은 사가독서(젊은 문신들에게 휴가를 주어 학문에 전념하게 한 제도)에 뽑혔고 집현전 학사를 역임했다. 그는 가문의 원칙을 만든 CEO답게 창업기의 초석 쌓기와 아울러 가문의 정신적 지향점을 남겼다. '계일戒溢'이 바로 그것이다. 계일은 '넘치는 것을 경계한다'는 뜻이다. 저헌의 18대 종손 이홍배 씨는 "연안이씨는 수많은 이들이 벼슬자리에 올랐어도 탐관오리가 없는 가문으로 회자되고 있는데, 청백리를 최다 배출(7명)한 기록이 이를 확인시켜 준다"고 강조한다.

저헌은 현재 서울대병원 치과 병동 건물이 자리잡은 터에 있던 자신의 집에 '계일정'이라는 정자를 만들어, 그의 자손이나 찾아오는 손님이나 제자 들에게 부귀영화가 넘치게 하지 말고 적정하게 억제하라는 가르침을 전하는 인생 교실로 삼았다. 집 앞에 연못

계일정이 있던 터 계일정은 원래 현재의 서울대병원터에 자리하고 있었다.

저헌 이석형의 묘 바로 이웃에 저헌의 처증조부인 포은 정몽주의 묘가 있다.

을 만들고 물을 채워 맑은 물에 자신을 비추어 반성하고 물이 5분의 4쯤 차면 밑으로 빠지도록 했다. 물이 넘치지도 모자라지도 않게 조절하여 자손들이나 찾아오는 손님들에게 매사를 분수에 맞게 하라는 훈계를 전했던 것이다. 그는 후손들이 이름을 얻는 데 넘치지 말고, 권력을 얻고 행사하는 데 넘치지 말며, 재물을 얻는 데 넘치지 말고, 먹고 입고 사는 데 넘치지 않는 지혜를 습득하기를 바랐다. 당시 계일정을 즐겨 찾은 저헌의 친구 김수온(세종 때의 학자로 집현전에서 『치평요람』을 편찬했다)은 자신의 문집에 계일정에 대한 기록을 남기기도 했다.

월사 이정구는 저헌이 남긴 계일의 정신을 이어받아 염치를 알고 겸양을 중시했다. 예조판서였던 그는 대제학에 제수되자 사직 상소를 올렸는데, 선조는 다음과 같은 전교를 내렸다.

문형文衡의 직임은 여러 선비들의 의표儀表가 되는 것이고 나라의 종장宗匠이 되는 것이니, 어찌 아름다운 문구나 문장만을 짓는 것뿐이겠는가. 경의 문장과 재덕으로 감당하지 못할 것이 무엇이기에 사양하려 하는가. 사양하지 말라.

권력의 정상에 오르면 먼저 자신뿐만 아니라 가족들도 권력의 유혹을 경계해야 마땅하다. 월사의 아내 권씨는 남편 못지않게 분수를 아는 여성이었다. 남편이 고관을 지내고 대제학이 되고 인조 때에는 좌의정이 되었을 뿐 아니라 두 아들 또한 벼슬을 했는데도, 권씨 부인은 조금도 교만하지 않았다. 큰아들 이명한은 대제학을 거쳐 이조판서를 지냈고 둘째 아들 이현주는 참판까지 지냈는데도 권씨 부인은 항상 검소해 화려한 옷을 몸에 걸치지 않았다. 권씨 부인에 관해서 다음과 같은 일화가 전해진다.

일찍이 정명공주(선조의 딸)는 며느리를 맞으면서 지체가 높은 집안의 부인들을 초대한 적이 있었다. 이때 잔치에 참가한 부인들의 차림은 그야말로 화려하여 그 현란함이 눈이 부실 지경이었다.

그런데 그곳에 한 교자가 안으로 들어왔는데 늙은 부인이 지팡이를 짚고 나왔다. 그 노부인의 차림은 베로 만든 치마에 치장을 조금도 하지 않아 허름한 모습이어서 모두들 어느 가난한 집 늙은이일 거라고 우습게 보아 넘겼다. 이때 노부인이 마루에 오르려고 하자 정명공주가 황급히 뛰어내려 영접했다.

젊은 부인들은 모두 놀라 수군거리며 노부인과 공주를 바라보았다. 공주가 노부인을 상좌에 모시고 공순히 대접하자 여러 부인들은 그제야 지체 높은 분임을 알아보았다.

노부인은 화려하게 치장한 여러 부인들이 교만을 떨고 있는 속에서도 자기 차림에 대해서는 전혀 개의치 않고 조용하고 점잖은 태도로 모든 사람들을 대했다. 이윽고 잔칫상이 나와 모두들 음식을 든 뒤 상을 물리자 노부인은 집으로 돌아가려 하였다. 이때 공주는 자리에서 일어나 아직 해가 높으니 더 계시라고 말렸다. 그러나 노부인은 "집에 대감이 새벽에 약방도제조로 대궐에 들어가셨고 큰아들은 이조에, 작은 아들은 승지로 들었으니 제가 일찍 돌아가 저녁을 차려야 합니다" 하고 일어섰다.

이를 본 여러 부인들은 그때서야 노부인이 월사의 부인임을 알아보고 모두 놀라 서로 돌아보며 칭찬을 아끼지 않았다.

(안춘근 엮음, 『역사에 빛나는 한국의 여성』에서)

예나 지금이나 대개 고위직을 맡은 사람은 학문에서는 별로 업적을 남기지 못하는 경우가 많다. 퇴계 이황 등의 대학자들이 사직소(관직을 사임하기 위해 국왕에게 올리는 상소)를 수없이 올리면서 귀향해 후학을 양성하며 학문에 매진하기를 원했던 것도 이 때문이다. 연안이씨 가문은 수많은 인재가 벼슬길로 나아갔고 학문에서도 경지에 오르기 위해 힘썼다. 벼슬과 권력을 탐하다보면 욕망을 제어하지 못해 넘치기 십상이다. '화무십일홍花無十日紅'을 잊어버리는 것이다. 연안이씨 가문은 항상 계일의 정신을 잊지 않았다.

지금도 그렇지만 고위 관리가 되는 것과 학문이 높은 것은 별개다. 두 가지를 모두 성취할 수는 없다. 한 가지를 포기해야만 다른 한 가지를 이룰 수 있다. 연안이씨 후손들은 수많은 관리를 배출한 후에 학문에도 눈길을 돌렸다. 물론 7명의 대제학을 배출했지만 퇴계 이황, 율곡 이이, 사계 김장생, 우계 송시열 등과 같은 성리학에 정통한 대학자는 배출하지 못했다. 성리학자로서 이름을 날리며 가문의 학문적 취약성을 보완한 인재로는 이정구의 손자인 이단상, 이희조 부자를 들 수 있다. 송시열이 자기보다 스물

이석형 종가의 마당을 수놓은 가을 단풍 마치 계일을 미덕으로 삼은 연안이씨의 고운 마음을 엿보는 듯하다.

한 살이나 아래인데도 아낄 만큼 이단상은 학문이 높았다. 김창협, 김창흡 형제는 바로 이단상 문하에서 나왔다. 이희조는 성균관 좨주祭酒에 오르기도 했다. 조선 시대에는 이런 말이 있었다. "산 영의정 셋은 죽은 대제학 하나를 못 당하고, 산 대제학 셋은 죽은 좨주 하나를 못 당한다." 좨주는 그만큼 권위 있는 자리였다. 정3품으로 그리 높은 벼슬은 아니지만 대유학자로서 산림山林(조선 중기 초야에서의 학문적 권위와 세력을 바탕으로 정치에 참여한 인물)만이 오를 수 있었던 학계 선망의 자리였다.

흔히 대학자는 동국 18현으로 상징된다. 조선 후기의 최대 인재 곳간 역할을 한 신안동김씨나 연안이씨의 경우 문묘에 배향되는 인물을 배출하지는 못했다. 이것이야말로 세상사가 공평한 것임을 보여주는 예라 할 수 있지 않을까. 고위 관료에 이어 대학자까지 배출했다면 최고 권력을 독점한 가문으로 세상 사람들의 두려움의 대상이 될 수도 있었을 것이다. 하지만 연안이씨는 최고의 인재 산실이었으되 '계일'을 가훈 삼아 그 한계를 설정함으로써 역사상 아름다운 가문으로 남을 수 있었다. 이는 넘침을 경계하지 못하고 세도정치로 민심을 잃은 신안동김씨와 대비된다.

연안이씨들은 수많은 인재를 낸 월사 후손 가운데 왕후가 없다는 사실을 자랑스럽게 여긴다. 외척은 권력의 견제를 받거나 권력을 남용할 우려가 있는 자리로서 처신하기가 쉽지 않다. 제대로 벼슬길에 나아가도 왕후의 덕으로 벼슬을 얻었다는 비판을 받기 십상이다. 박지원 가문의 경우 그의 5대조가 선조의 사위여서 그의 할아버지와 아버지 등은 외척이라는 자리가 오히려 부담스러워 근신했다. 연안이씨는 이러한 권력의 속성을 경계해 왕후로 간택되는 것을 극도로 꺼렸다고 한다. 정조는 이러한 사정을 알고 『홍제전서』에서 "앞으로 간택이 있어도 연안이씨는 단자도 내지 말고 그대로 전통을 이어가라"고 했다.

저헌과 월사의 후손들은 '계일'을 가훈으로 삼아 지금까지 실천해 오고 있다. 이홍배 씨는 현재 용인시 묘현면 안골마을의 종가를 지키면서 '계일정신문화원'을 운영하고 있다. 1988년에는 집 앞에 작은 연못을 만들고 계일정을 지어 그 정신을 기리고 있

후손들이 재현해 놓은 계일정의 모습 수많은 인재를 배출해 '연리광김'이라는 최고의 명문가 수식어를 만들어낸 연안이씨. '계일'의 정신은 오만에 빠지기 쉬운 마음을 다스리는 최고의 묘약이었다.

다. 무려 600년을 이어오며 '넘침'을 경계한 저헌의 가르침을 구현하기 위해 애쓰고 있는 것이다.

이홍배 씨는 "계일의 정신은 연안이씨 후손들이 본받아야 할 중심 사상이 되어야 한다"면서 "문화원을 설립하고자 한 것도 이런 이유에서"라고 말한다. "우리 가문에서는 청백리는 많이 나온 반면, 탐관오리는 전혀 나오지 않았어요. 이것이 바로 권력의 넘침을 경계한 계일의 정신에서 비롯된 것이라고 생각합니다." 계일청덕戒溢淸德, 즉 넘치는 것을 경계해 맑은 덕을 지키라는 가훈에서는 수많은 벼슬아치들을 배출하면서도 부패하지 않은 연안이씨들의 자긍심을 느낄 수 있다.

우리는 월사 선생의 후예이면서도 월사 선생이 왜 유명한지를 물으면 머리를 갸웃하며 확실한 대답을 못 하는 후손도 많이 있다. 연안이씨 월사 자손 하면 대단한 집안의 후예라고 알아준다. 그런데 이렇게 타 문중에서 알아주는 집안인데, 우리 후손들은 우리가 왜 명가의 후예인가에 확실한 대답을 못 하고 있다. (하략)

연안이씨 문중에서 발간한 『월사 이정구 선생의 생애와 가계』라는 책자에는 이렇게 묘사되어 있다. 정조 대왕은 『홍제전서』에서 "연안이씨는 벼슬을 많이 한 줄 알았더니 문장 또한 뛰어나다"라고 했다. 이 역시 계일의 정신에서 비롯된 것이 아닐까.

현재 서울 종로구 연건동 서울대병원 본관 앞 치과 병동 옆 저헌의 집과 계일정이 있던 자리에는 표석만이 남아 그 정신을 기리고 있다.

성공한 뒤에는
'히브리스'를 경계하라

현대인에게 승용차나 집만큼 욕망을 부추기는 대상도 없다. 처음에는 소형이나 중형 승용차를 몰다가 고급 승용차를 사고, 나아가 외제 승용차를 원하고 그것도 모자라 그중에서도 최고급을 찾게 된다. 20억 원짜리 승용차까지 등장했다. 그 다음에는……

현대 소비사회의 메커니즘을 설명하는 용어 가운데 '잉여쾌락'이라는 말이 있다. 마르크스는 자본주의가 잉여가치에 의해 유지된다고 말했는데, 세계적인 석학 슬라보예 지젝은 소비사회로 지칭되는 후기산업사회는 '잉여쾌락'이라는 욕망의 구조에 의해 유지된다고 설명한다. 잉여쾌락이란 욕망이 자신이 원하는 대상에 도달한 바로 그 순간 그것을 덧없게 만드는 욕망의 또 다른 부분이다. 처음 원했던 욕망에 도달하면 다시 다른 욕망의 대상을 추구하게 되고 이것이 현대 소비사회를 유지하는 메커니즘이라고 설명한다. 끝없는 욕망이 끝없는 소비를 불러일으킨다는 것이다.

인간의 끝없는 욕망에 대한 경계는 아무리 강조해도 지나치지 않을 것이다. 사회적으로 존경받는 명문가들은 욕망을 철저히 경계했다. 우리나라의 경주 최부잣집이 12대에 걸쳐 부를 이어온 배경은 다름아닌 '절제'와 남에 대한 '배려'였다. 경주 최부잣집은 최진립과 아들 최동량, 손자 최국선에 이르러 재물이 쌓이면서 '진사 이상 벼슬 금지' 등과 같은 가훈을 정하고 실천해 최준(1884~1970)에 이르기까지 12대에 걸쳐 300년간 존경받는 부자로 명성을 누렸다.

오늘날 경주 최부잣집이 주목받는 이유는 바로 이들이 쌓은 부富의 쓰임새와 부자로서의 도덕성에 있다. 그 원칙들이 이른바 최부잣집의 수신修身의 철학인 '육연'과 제가齊家의 철학인 '육훈'에 담겨 있다. 육연이란 자기 집착에서 벗어나 자기에게 초연하고自處超然, 남에게는 언제나 부드럽고 온화하게 대하며處人靄然, 일이 없을 때에는 마음을 맑게 가지고無事澄然, 일을 당해도 겁내지 말고 용감하게 대처하며有事斬然, 성공했을 때에는 오히려 담담하게 행동하고得意澹然, 실의에 빠졌을 때에는 오히려 태연하게 행동하라失意泰然는 것이다.

한편 육훈은 자신에게는 엄격하고 타인에게는 배려하는 경주 부잣집의 삶을 그대로 보여준다(182~183쪽 참조). 아울러 최부잣집이 300년 동안 '청부淸富'로서 신망을 얻을 수 있었던 것은 '독점'의 유혹을 뿌리치는 등 장기적인 안목에서 부의 안정성을 도모했기 때문이다.

조선 시대에는 흉년이 들면 수천 명씩 굶어죽었다. 가난한 사람들은 당장 굶어죽지 않기 위해 갖고 있는 논과 밭을 그야말로 헐

값에 팔아넘길 수밖에 없었다. 하지만 최부잣집은 가난한 사람들의 생명줄이나 다름없던 이런 논밭을 흉년기에는 결코 사들이지 않았다. 다른 사람이 위기에 처했을 때 이를 이용해 잇속을 챙기지 않았던 것이다. 재물이 넘치면 결국에는 시기와 질시를 받게 되고 이는 장기적으로 불안정을 초래할 수 있기 때문이다.

의성김씨 가문을 일으킨 청계 김진은 권력의 유혹을 경계하기 위해 "벼슬은 정2품 이상 하지 말고 재산은 300석 이상 쌓아두지 말라"는 유언을 남겼다. 이 역시 넘침을 경계한 것이다.

스웨덴의 최부잣집이라고 할 수 있는 발렌베리 가문은 스웨덴뿐만 아니라 세계적인 청부 기업으로 통한다. 발렌베리 가문의 철칙 가운데 하나는 "존재하지만 드러내지 않는다"는 것이다. 그 후손들은 항상 대중의 시선 밖에 머무르려고 노력했다. 이는 밖으로 드러나는 명성을 추구하기보다 실속이나 내실을 강조한 것이라고 한다. 이는 마치 피렌체의 명문가였던 메디치가에서 내려오는 "언제나 대중의 시선에서 벗어나라"는 원칙과 같다. 이 가훈은 메디치가 사람들의 스타일이 되었으며 메디치가가 명가로 발돋움하는 데 결정적으로 작용했다. 메디치가가 두 명의 교황을 배출하는 등 역사상 최고의 명가로 자리매김할 수 있었던 원동력이 바로 튀지 않는 자세였다.

500년을 이어져 내려온 명문가들을 통해 권력의 정상에 오른 인간이 빠질 수 있는 히브리스, 즉 오만에 대한 경계를 배울 수 있다. 바로 저헌 이석헌가의 '계일'이나 청계 김진가의 '정2품 이상 벼슬 금지', 경주 최부잣집의 '진사 이상 벼슬 금지' 같은 덕목에서 말이다.

리더가 권력과 명성, 부에 도취한 나머지 한순간 오만에 빠지고 신중함과 절제력을 잃게 되면 그 조직은 치명적인 위기에 내몰리게 된다. 이것이 다름아닌 절대 권력을 가진 강자가 빠지기 쉬운 오만의 함정인 것이다. 이는 기업 경영에도 그대로 적용된다. 우리나라 재벌의 '황제식 경영'이라는 말은 재벌가의 히브리스를 의미한다.

좋은 기업을 넘어 위대한 기업으로 도약하기 위해서는 권력의 정상에 있을 때일수록 '넘침에 대한 유혹'을 이겨내야 한다. 이 유혹을 이겨내느냐의 여부에 따라 격을 더 높일 수 있고 단계적으로 최고의 가문, 최고의 기업으로 진화할 수 있다. '계일'이야말로 오늘날의 가문 경영, 기업 경영에서 요구되는 윤리 경영의 키워드라고 할 수 있다.

히브리스를 경계할 수 있는 방법이 있다면 그것은 독서와 책을 통한 성찰이 아닐까. 책에 담긴 수많은 인간사의 사례를 통해 히브리스를 경계하는 교훈을 얻을 수 있으니 말이다. 『한국성씨대관』에는 연안이씨 가문을 설명하는 다음의 글이 나온다.

세도와 부귀를 누렸다고 명문은 아니다. 흔히 명문을 말할 때 그 집안의 벼슬이나 세도보다 학문과 도덕을 윗길로 친다. 그런 점에서 연안이씨는 명문의 전형이다.

인간이 태어나 가족을 이루고 꿈을 꾸면서 지향해야 할 목표가 무엇인지 생각해 보게 하는 글이라고 하겠다. 500년을 이어온 명문가들을 보면, 세도와 부귀, 벼슬보다 학문과 도덕, 이웃에 대한 배려를 중시한 가문이 더 아름다운 세상을 만들고 있음을 확인할 수 있다. 그런 집안에 가면 인간다운 삶이 무엇인지, 무엇이 고귀한 것인지를 새삼 느끼게 된다.

'사람은 무엇으로 사는가?' 세계적 대문호 톨스토이가 평생 간직한 이 물음이 새삼 진한 울림으로 다가온다.

'인재人材'와 함께 '명성'도 관리하라

—500년 명문가의 경영 핵심은 위기관리

도움을 받고 싶다면 먼저 베풀어라

우리나라는 동학혁명과 해방 이후의 좌우익 '동거' 기간에 많은 고택이 불태워졌다. 동학군은 지역민들을 수탈한 양반가 저택을 급습해 인명을 해치고 집을 불태웠다. 박경리의 소설 『토지』에서도 평사리 최부잣집에 동학도들이 밤에 들이닥치는 장면이 나온다.

1894년 동학혁명이 일어나자, 경주 최부잣집도 동학도에 의해 소실의 위기에 처했다. 활빈당이 양반집을 불태우고 돈을 강탈하던 중 최부잣집에도 들러 처마에 불을 지르기 시작한 것이다. 활빈당 두목은 "양반과 부자치고 도둑 아닌 자가 어디 있느냐"고 말했다. 이에 당시 최씨 집안의 종손은 "최씨 집이 그동안 어떻게 처신했는지 네가 다른 사람들에게 직접 물어보라"고 말했다. 그 후 최부잣집의 내력을 확인한 동학도들은 불을 끄고 순순히 물러갔다. 최씨 집안은 12대에 걸쳐 이웃에 베풀어온 선행 덕분에 화를 면할 수 있었다.

경주에는 만석꾼 집안으로 배씨, 정씨, 이씨, 최부잣집, 이렇게 네

집이 있었다. 최부잣집은 쌀 천 석을 과객에게 베풀어, 만석꾼 세 집 안을 합쳐도 최부잣집과 안 바꾼다는 말이 나돌 정도로 존경받는 부자였다.

"대접받고 싶거든 먼저 대접하라"(마태복음 7장 12절)라는 성경 구절은 세계 금융을 장악하고 있는 유대인들에게는 고전으로 통하는 율법이다. 길게 보면 남에게 먼저 베풀고 대접하는 것이 지혜로운 일이다. 그러나 문제는 이를 알고 있어도 실행하기가 쉽지 않다는 점이다.

교육은 지출이 아닌 투자다

역사상 한국전쟁 이후 40년 동안 한국이 이룩한 경제 성장에 필적할 만할 것은 아무것도 없다. 교육에 대한 투자에서 그렇게 풍성한 수확을 거둔 나라는 한국밖에 없다.

경영학의 아버지라고 불리는 피터 드러커의 한국 예찬이다. 우리 나라의 교육열은 세계적으로 유례가 없을 정도로 높다. 그것이 오늘날 한국의 힘을 만들었다고 해도 과언이 아니다. 드러커는 "교육이야 말로 가장 진보된 투자"라고 강조한다. "오늘날 교육은 가장 진보된 투자로 여겨지고 있다. 투자가 많아지면 그만큼 생산성은 높아지고 수익도 증대된다"는 것이 드러커가 강조하는 교육투자론의 요지다.

대구 둔산동의 옻골마을에 자리잡은 경주최씨 백불암 최흥원 종가는 300년 전부터 '학계學契'의 전통을 이어오고 있는 가문이다. 그들은 교육을 지출이 아닌 투자로 인식해 왔다. 9대 종손 최진돈 씨는 "이전에는 가난해서 제대로 공부할 수 없는 학생들을 위한 토지가 별도로 있었다"고 말한다. 토지에서 수확되는 농산물로 학비를 대주는 일종의 '현물 장학금'이었을 것이다. 지금도 학계 용도로 이용한 토지가 수만 평 남아 있다고 한다.

학계는 해방 후 토지 개혁으로 인해 중단되었다고 한다. 그러다 대구에 인접한 이곳에 아파트 단지가 들어서면서 받은 토지보상대금 등을 모아 장학금을 조성해 학계의 전통을 부활시켰다. 1996년부터 시행되고 있는 이 장학금 제도를 통해 문중 자녀(종가와 20촌 이내)에게 박사 과정까지 장학금을 지급하고 있는데, 매년 50명 정도에게 400만 원씩 지원하고 있다. 65세 이상 노인들에게는 월 10만 원의 용돈을 주고 있다고 한다.

최씨는 "사랑방에는 260여 년 전 백불암 때부터 대대로 내려오는 '경敬'이라는 글자를 음각해 놓은 패가 있다"면서 "'경'에는 학계를 통해 학문을 장려하는 가문의 정신이 깃들어 있다"고 말한다. 경은 다름아닌 "경敬에 충실한 인간이 되어라"라는 의미를 담고 있는 것으로, 이것이 지금까지 이어져 자녀 교육의 지침이 된 것이다. '경'은 수양을 강조하는 성리학에서 가장 중요한 덕목으로 꼽힌다.

백불암 최흥원(1705~1786)은 정조 때 세자 사부로 천거받았지만 관직을 마다하고 평생 학문에만 힘썼다. 백불암은 실학정신을 뿌리 내리게 한 학자로 유명한데, 주민들에게 '부인동 동약'이라는 계를 만들게 하고 그 돈으로 땅을 장만하게 했다. 지금까지 내려오는 학계의 전통도 여기서 비롯된 것이다.

이러한 가문 경영은 기업 경영에도 그대로 적용할 수 있다. 회사를 일류 기업으로 만들기 위해서는 먼저 사람에 대한 투자와 재교육을 제도화해야 한다. 재교육에 인색하면 직원들은 녹이 슬고 창의력을 발휘할 수 없다. 여기에 드는 비용은 '미래를 위한 투자'인 셈이다. 사람에 대한 투자가 수백 년 이어진다면 언젠가는 기업도 초일류 기업, 글로벌 기업으로 우뚝 설 수 있을 것이다.

호황기일수록 위기관리에 나서라

15세기 후반에 김종직 일파가 정계의 중심으로 크게 진출하자 "영남 인재의 반이 선산에 있다"는 유행어가 나오게 되었다. 16세기 후반부터는 퇴계를 중심으로 그 문하에서 많은 학자와 공직자들이 배출되면서 "안동 지역이 동방의 맹자, 공자의 땅鄒魯之鄕"이라는 말이 돌았다. 이는 퇴계가 도산서원을 학문(성리학)의 전당으로 만들어 후학 양성에 힘쓴 데서 비롯된 것이다. 그런데 이보다 앞서 15세기 초에는 "조정 인재의 반은 영남에 있고 영남 인재의 반은 진주에 있다"라고 할 정도로 진주가 인재의 산실이었다. 이것이 이후 약 300년 동안 영남인에게 드리워진 고난의 신호였다고 할 수 있다. 지나치면 기우는 법. 어떻게 보면 잘나갈 때일수록 위기를 관리해야 하는 것이다.

　정치적으로 위기의 시대를 살아온 남인의 후손들은 근현대에 이르러 수많은 기업인들을 배출해 냈다. 그것은 잠재되어 있던 '한恨의 폭발'이라고 할 수 있을 것이다. 200년 넘게 탄압받고 소외되어 온 남인들의 억압된 욕망이 민주주의와 자본주의의 시대를 맞아 창업가 정신으로 분출한 것이라고 볼 수 있다. 아마도 남인의 후예들은 어려운 시기를 자기성찰과 자녀 교육의 기회로 삼아 이에 전념해 마침내 사회의 주류 세력이 될 수 있었을 것이다. 지금은 이들 후손들이 사회 각계각층에서 두루 활동하고 있다.

이렇게 긴 역사를 놓고 보면 인간사란 공평한 것이다. 권력을 독차지했던 영남인은 소외당했다가 다시 권력을 독점하고 있다. 반면 권력의 유혹을 이겨내지 못하고 오만에 빠졌던 세력가들의 후손은 선대의 업보로 인해 굴욕을 감내하고 있다.

이렇게 보면 가문의 위기관리는 침체기나 정체기가 아니라 호황기 때 해야 하는 것임을 알 수 있다. 무엇보다 정상에 있을 때 히브리스, 즉 오만을 다스려야 한다. 넘침을 경계하지 않고서는 넘침의 유혹에 이내 넘어가고 마는 것이다.

수백 년 이어져 내려온 명문가들의 성공 비결을 들여다보면, 이들의 가문 경영 자체가 바로 오늘날 경영학의 원전임을 알 수 있다. 가문의 기획자는 '가문주식회사'의 CEO라고 하겠다. 가문의 CEO가 어떠한 리더십을 발휘하느냐에 따라 명문가로서의 위상과 명성이 달라질 수 있다. 수백 년간 명문가로 자리매김했다는 것은, 기업이 명품 브랜드의 명성을 시대 변화에 적응시키고 선도하면서 지속 가능한 경영을 이룬 것에 비유할 수 있을 것이다.

500년 명문가의 가문 경영에서 배울 수 있는 가장 중요한 교훈은, 가정에서도 위기를 관리하지 않으면 결코 지속 가능한 가문 경영을 이룰 수 없다는 것이다. 지속 가능 경영의 출발은 바로 위기관리다. 가문이 최고의 전성기를 누리는 그 순간에 위기관리를 시작해야 한다. 위기가 닥친 후에 시작하는 위기관리는 이미 늦다. 이는 기업 경영에서도 마찬가지라고 하겠다.

정약용, 이황, 류성룡 등 대가들의 자녀교육 이야기 생생히 다뤄

명문가는 훌륭한 자녀교육 시스템에서 나온다

뛰어난 인재를 키워낸 조선시대 명문가의 특별한 교육법 총망라
우리 시대의 아버지들이 실천해야 할 '자녀교육 10계명'도 제시

명문가에는 뭔가 특별한 게 있지 않을까? 명문가를 유지하는 데 필요한 것은 무엇일까? 『5백년 명문가의 자녀교육』의 저자 최효찬 씨는 이러한 의문을 안고 다산 정약용 종가, 서애 류성룡 종가, 고산 윤선도 종가 등 우리나라의 유명한 명문가 10곳을 직접 방문하고 취재했다. 저자는 명문가가 훌륭한 자녀교육 시스템에서 나왔다고 주장한다. 오랫동안 명문가를 유지할 수 있었던 것은 그만큼 엄격하고도 훌륭한 자녀교육 시스템이 뒷받침되었기 때문이라는 것이다. 『5백년 명문가의 자녀교육』은 인성교육과 생활교육을 중시했던 역사 속 위인들의 자녀교육 방식을 통해 현대의 부모들에게 귀감이 될 만한 지침들을 조목조목 일러준다.

조선 역사에서 가장 위대한 사상가로 꼽히는 다산 정약용은 유배지에 있을 당시 자녀들에게는 "반드시 서울 한복판에서 살아야 한다"면서 '한양 입성'이라는 특명을 내렸는데, 다산의 교육열은 요즘 부모들도 혀를 내두를 만큼 매우 철

최효찬 지음 | 값 13,000원

저했다. 다산은 아버지로 인해 벼슬길이 막혀버린 두 아들에게 서울살이의 방도를 일러주며 "천리天理는 돌고 도는 것이니 한번 넘어진 사람이 반드시 다시 일어나지 못하는 것은 아니다. 만약 하루아침의 분노를 이기지 못해 서둘러 먼 시골로 이사가 버린다면 무식하고 천한 백성으로 일생을 끝마치고 말 뿐이다"는 말로 서울에서 살 것을 거듭 당부했다. 다산의 예는 아버지가 자녀교육의 매니저로 직접 나선 경우로 가문관리자로서의 진면목을 보여주는 대목이 아닐 수 없다.

한편 퇴계 이황은 이미 500년 전에 똑똑한 제자들과 자식들을 함께 공부시키며 요즘 강조되는 '인맥 네트워크' 교육을 실천했고, 서애 류성룡 같은 대학자들도 바쁜 일과를 제쳐두고 독서를 게을리 하는 자식들에게는 편지를 보내 독려하는 등 자녀와 후손들의 교육에 세심하게 신경을 썼다. 또 백의정승으로 꼽히는 명재 윤증은 자식교육을 위해 벼슬길마저 포기했을 정도며, "주변 100리 안에 굶어죽는 사람이 없게 하라"는 원칙으로 한국판 '노블레스 오블리주'를 실천했던 경주 최부잣집은 권력을 멀리하면서 존경받는 부자의 길을 가도록 자식들에게 강조했다.

책은 한국을 대표하는 명문가 10곳의 뿌리 깊은 역사와 가학의 전통은 물론 자녀교육의 기틀을 마련했던 위대한 아버지들의 노하우와 저력을 일러줌으로써, 바쁘다는 핑계로 자녀교육에 소홀한 우리 시대의 아버지들에게 교육의 중요성을 다시 한 번 일깨워준다.

전 문화부장관 이어령 박사는 이 책의 추천사에서 "500년이란 짧지 않은 세월 동안 명문가를 유지할 수 있었던 건, 그만큼 엄격하고도 훌륭한 자녀교육 시스템이 있었기 때문이다. 퇴계 이황, 서애 류성룡, 고산 윤선도, 명재 윤증, 다산 정약용 등 이름만 들어도 알 만한 역사상의 위인들이 어떻게 자신의 자녀를 교육시켰는지 들여다보는 것은 역사를 배우는 것과는 또다른 재미와 감동을 준다"고 평했다.

5백년 명문가의 자녀교육 10계명

1 평생 책 읽는 아이로 만들어라 – 서애 류성룡 종가
2 자긍심 있는 아이로 키워라 – 석주 이상룡 종가
3 때로는 손해 볼 줄 아는 아이로 키워라 – 운악 이함 종가
4 스스로 재능을 발견하도록 기회를 제공하라 – 소치 허련 가문
5 '공부에 뜻이 있는 아이끼리' 네트워크를 만들어라 – 퇴계 이황 종가
6 세심하게 점검하여 질책하고 조언하라 – 고산 윤선도 종가
7 아버지가 자녀교육의 '매니저'로 직접 나서라 – 다산 정약용가
8 최상의 교육 기회를 제공하라 – 호은 종가
9 아이들의 '멘토'가 되라 – 명재 윤증 종가
10 원칙을 정하고 끝까지 실천하라 – 경주 최부잣집

『500년 명문가의 자녀교육』의 세계편,『세계 명문가의 자녀교육』

명문가는 솔선수범하는 부모에서 비롯된다

**빌 게이츠家, 케네디家 등 세계 10대 명문가의 탁월한 자녀교육법 소개
송자 前연세대 총장 "부모 역할이 얼마나 중요한지 다시 한 번 되새기게 한다."**

동서고금을 막론하고 명문가들은 저마다 특별한 교육법으로 자식들을 가르쳐 왔다. 그렇다면 세계적인 명문가들은 과연 무엇이 다른가?『세계 명문가의 자녀 교육』에는 지식 교육만큼이나 삶의 가치를 중시했던 전 세계 이름 있는 가문들 의 독특한 교육 방식이 가감 없이 담겨 있다. 저자는 빌 게이츠, 케네디, 톨스토 이 등 세계적으로 손꼽히는 명문가 10곳을 엄선, 가문의 역사와 전통, 세계적 인 재를 키워낸 남다른 교육관을 면밀하게 분석했다.

홀륭한 인재를 키워낸 가문들의 공통점은 무엇보다 자녀교육에 대한 열정과 헌신, 그리고 자식을 교육하기에 앞서 스스로 모범을 보였던 부모의 역할이었 다. 특히 명문가는 군림하는 사람보다 '섬기는 사람'을 만드는 데 주력했다. 위 대한 인물을 키워낸 세계의 명문가들은 하나같이 '좋은 성품과 탁월한 능력을 지닌 리더'를 만들기 위해 자녀교육에 심혈을 기울인 것이다. 빌 게이츠, 케네 디, 톨스토이, 타고르 등 세계적인 인재를 키워낸 위대 한 부모들의 탁월한 교육철학을 들려주는 이 책은 자녀 를 기업가나 과학자, 예술가, 정치가 등 창조적이고 리 더십 있는 인물로 키우려는 학부모들에게 매우 의미 있 는 책이 되리라 확신한다.

최효찬 지음 | 값 11,000원

세계적인 가문들을 통해서도 알 수 있듯이 '명문가 는 궁합이 잘 맞는 부모와 자녀, 세대 간의 합작품이다'. 결국 자녀와 부모 간의 유기적인 관계가 성공의 관건이 라는 것이다. 세계적인 가문들을 살펴보면 부모의 힘만

으로 또는 자녀의 힘만으로 명문가를 이룬 예는 결코 찾아볼 수 없다. 부모와 자녀, 세대 간에 힘을 모아야 비로소 명문가가 만들어지기 때문이다.

가난을 딛고 4대, 110년 만에 미국 역사상 가장 위대한 대통령을 배출한 케네디 가는 대대로 전해 내려오는 가문의 교육관을 바탕으로 자식들을 가르쳤다. "일등을 하면 무시당하지 않는다"는 세상의 법칙을 일깨우는 동시에, 명문대에 진학해 최고의 인맥 네트워크를 쌓게 했다. 목표는 크게 정하되 서둘지 말고 단계적으로 실현하도록 이끌었으며, 처음에는 서툴러도 열심히 반복하면 최고가 될 수 있다며 자신감을 심어주었다. 케네디 가문은 케네디 어머니의 식탁 교육으로도 유명한데, 식사 시간을 지키게 하면서 시간과 약속의 중요성을 늘 강조했고, 밥을 먹으면서 자녀들이 자유롭게 토론할 수 있는 분위기를 이끌어 생각과 의견을 논리적으로 말할 수 있게끔 가르치고 훈련했다.

이 외에도 책에는 발렌베리 가, 로스차일드 가, 공자 가, 퀴리 가, 다윈 가, 타고르 가, 톨스토이 가 등 세계 굴지 명문가들의 탁월한 교육철학과 내용이 자세하게 기술되어 있다.

송자 전 연세대 총장은 "지식 교육만큼이나 삶의 가치를 중시했던, 세계의 이름 있는 가문들의 독특한 교육 방식이 가감 없이 담겨 있다. 세계적인 인재를 키워낸 위대한 부모들의 탁월한 교육철학을 읽다 보면 부모 역할이 얼마나 중요한지를 다시 한 번 되새겨보게 한다"는 말로 이 책을 적극 추천했다.

세계 명문가의 자녀교육 10계명

1 식사 시간을 결코 소홀히 하지 마라 −케네디 가
2 존경받는 부자로 키우려면 애국심부터 가르쳐라 −발렌베리 가
3 단점을 보완해 주고 뜻이 통하는 친구를 사귀어라 −게이츠 가
4 돈보다 인간관계가 더 소중한 것임을 알게 하라 −로스차일드 가
5 질문을 많이 하는 공부 습관을 갖게 하라 −공자 가
6 어머니가 나서서 '품앗이 교실'을 운영하라 −퀴리 가
7 대대로 헌신할 수 있는 가업을 만들어라 −다윈 가
8 부모와 자녀가 함께 모험여행을 떠나라 −타고르 가
9 평생 일기 쓰는 아이로 키워라 −톨스토이 가
10 자신을 사로잡는 목표를 찾아 열정을 다 바쳐라 −러셀 가